开国皇帝有话对你说系列

姜若木◎编著

豪情万丈，起伏人生；千秋王道，终成大业。

听草根皇帝的乱世胜经：聚为人处世的经营智慧。

弱势赢家

刘邦

有话对你说

中国书籍出版社
China Book Press

图书在版编目（CIP）数据

弱势赢家：刘邦有话对你说 / 姜若木 编著. —北京：中国书籍出版社，
2013.4（2021.6重印）

ISBN 978-7-5068-3414-8

Ⅰ.①弱… Ⅱ.①姜… Ⅲ.①汉高祖（前256~前195）—人物研究
Ⅳ.①K827=341

中国版本图书馆CIP数据核字（2013）第065295号

弱势赢家：刘邦有话对你说

姜若木　编著

责任编辑	于建平
责任印制	孙马飞　马　芝
封面设计	高　杨
出版发行	中国书籍出版社
地　　址	北京市丰台区三路居路97号（邮编：100073）
电　　话	（010）52257143（总编室）　　　（010）52257153（发行部）
电子邮箱	chinabp@vip.sina.com
经　　销	全国新华书店
印　　刷	北京洲际印刷有限责任公司
开　　本	710毫米×1000毫米　1/16
印　　张	15.75
字　　数	200千字
版　　次	2013年6月第1版　　2021年6月第2次印刷
书　　号	ISBN 978-7-5068-3414-8
定　　价	49.80元

"大风起兮云飞扬，威加海内兮归故乡，安得猛士兮守四方！"一曲大风歌，唱出了一位英雄的豪情；一段战乱纷纭历史，书写了一代帝王以弱胜强的盛事。

在中国的历史上，汉高祖刘邦是第一位走上圣坛的平民。在刘邦之前，自古帝王莫不是有着所谓的高贵血统，而刘邦却是一位由农民起义领袖转化而来的布衣皇帝。在反抗秦朝暴政的农民起义中，在风起云涌的历史舞台上，刘邦凭借着非凡的人格魅力和雄才大略，在群雄角逐中逐渐崭露头角，进而削平群雄，最终凭借着自己斗智不斗力的手段，战胜了号称"一世之雄"的项羽，继秦始皇之后，建立了一个强大的统一王朝。刘邦也凭借着自己的功绩，而称雄于历史。

经刘邦开创的大汉王朝，前后历时400余年，是中国历史上最长的统一王朝，大汉也成为了中国历史上最伟大的盛世之一，刘邦作为其奠基者，其伟大历史功绩也得到了后世的称颂与敬仰。

品读历史我们会发现一个奇怪而有趣的现象，那就是，在当时的混乱局面中，群雄并起，其中不乏英雄神武之辈，但是最终，作为弱势群体之一的刘邦，在一段混乱的历史结束之后，却站到了历史的最高峰，这种现象值得我们思考和研究，更值得我们学习和借鉴。

刘邦的一生充满着传奇的色彩：一个混迹下层的小人物，被人戏

称为高阳酒徒；一个最下层的小吏、混吃混喝的泗水亭长；一个私放囚徒、走投无路、落草山中的白帝之子；一个揭竿而起、反秦暴政的起义领袖；一个委曲求全、避险鸿门宴的弱势头领；一个暗渡陈仓、逐鹿中原的天下豪雄；一个追亡逐北、创建统一帝国的大汉天子。刘邦的一生经历了许多角色的转换，在这些人生不同的角色中，刘邦都能够游刃有余，是什么样的人生智慧支撑了刘邦自浪迹下层到九五之尊？是什么样的谋略之术和竞争之道，推动刘邦由弱至强直至唯我独尊？是什么样的个人气度和个人品质，助力刘邦由平凡的出身走向成功的高峰？怀着这些疑问，请慢品本书，书中将给你一个完美的答案。

透过历史的烟云，我们试图还原一个真实的刘邦，并通过对刘邦以及对刘邦事迹中所体现出来的人生道理的整理和人生轨迹的剖析，让读者体验刘邦的成功之路，并且更重要的是，对于刘邦的成功能有所感悟，有所收获，以便对我们的人生之路有所指引，有所借鉴。

目 录

> 每个人走向成功的道路各不相同，但是成功的目标却是一致的。我们不能按照成功的人所走过的道路亦步亦趋，但是他们所走过的道路却值得我们借鉴。刘邦出身草莽，从社会底层一步一步地走向了成功的顶峰，刘邦的成功经验不仅激励了后世的许多帝王，对于生活在现代的人，同样具有借鉴意义。

第一章

刘邦对你说个人成功之路

目录

弱势赢家

刘邦有话对你说

第二章

刘邦对你说竞争谋略

刘邦起于草莽，以布衣之身提三尺剑而取得天下建立大汉基业，这是为何？这是因为他具有百折不挠、越挫越勇的精神。汉皇千古一英雄，休笑当年马上功。试问后来为帝者，谁人曾出范围中。楚强汉弱，可是战争的结局是楚败汉胜。在看过了历史沧桑后，我们要学习的就是刘邦的竞争谋略。

第三章

刘邦对你说用人之道

自古以来，得人才者得天下！一切的竞争，归根结底是人才的竞争。选人用人，关乎事业的成败。如何根据德才勤绩慧眼识人，如何量才而用，因材施用，如何用感情、待遇、制度、文化选用留人，都可以说是一种学问。刘邦在用人方面确实有他独到的地方，他能够最大限度地使用人才，知道把手下的人才放在最合适的位置，这就是刘邦的用人之道。

第四章 刘邦对你说管理之道

管理在我们的生活中有着非常重要的作用，大到国家治理，小到个人发展，都离不开管理。对于国家，一切的日常事务，都需要管理；对于个人，生活中组织做事，也离不开统一的管理。好的管理能够将所有组织的能力都正常发挥出来，将所有能够支配的资源进行统筹安排、优化配置，达到最大化的利用，从而获取发展和成功。

第五章 刘邦对你说个人气度

气度，决定了一个人的高度，一个有气度的人才才会有所成就，否则他未来的成就势必会受到局限。在谨记"知识就是力量"的同时，也不妨提醒自己——"气度决定高度"，这是一个知识爆炸的时代，在我们追求知识、才艺……的同时，千万不要忽略。所谓的"内在"，除了充实知识、才艺外，还包括了充实修养、品格。"知人者智，知己者明。"知人者，不只是知道识别和发现别人的才能，还要懂得自知。了解自己的人，更要学会如何培养自己的气度。

目录

弱势赢家

刘邦有话对你说

第六章

刘邦对你说厚黑王道

厚黑学的发源起始于李宗吾先生，而其影响则应自《厚黑学》而来。他在《厚黑学》一书中，宣扬脸皮要厚如城墙，心要黑如煤炭，这样才能成为"英雄豪杰"。他以曹操、刘备、孙权、司马懿、项羽、刘邦等人物为例，试图证实其厚黑学，以及这些人之厚薄与黑白如何影响他们的成败。在李宗吾先生的例证中，尤其推崇刘邦的厚黑之道。

第一章

刘邦对你说个人 成功之路

　　每个人走向成功的道路各不相同，但是成功的目标却是一致的。我们不能按照成功的人所走过的道路亦步亦趋，但是他们所走过的道路却值得我们借鉴。刘邦出身草莽，从社会底层一步一步地走向了成功的顶峰，刘邦的成功经验不仅激励了后世的许多帝王，对于生活在现代的人，同样具有借鉴意义。

树立形象，获得支持

一个人在成功的道路上，想要获得成功，就得有让人信任的品质。有的人是靠出色的能力，有的是靠极强的凝聚力。重要的一点，就是作为领袖，要善于包装自己，让人们从内心就十分支持你，让自己以一种名正言顺的领导地位出现在世人面前，只有这样才能更容易走向成功。

刘邦作为领袖，就充分利用了古代人迷信的特点，通过神话大肆宣扬自己的非凡之处，给自己披上神圣的外衣，从而让人们从心理上认同自己，这也是古代皇帝善用的一贯做法。

传说汉高祖刘邦尚未出生的时候，老天就已经开始显示神奇的征兆。

一次刘邦的母亲——刘媪在大泽旁歇息，大概是劳累过度，不觉醺然入睡，于是就做了一个奇怪的梦，梦见她与神人交合。当时电闪雷鸣，太公以为大雨要来了，急忙去找刘媪，只见刘媪躺在泽畔，一条蛟龙卧在她身上。刘媪因此而受孕，生下来就是刘邦。

这自然是神奇的征兆，刘邦是龙种无疑！

不过，刘媪做这样的奇梦，刘邦他爹太公见这样的奇景，他们不说，谁知道呢？如果是刘邦当了皇帝之后，太公、刘媪才说如此的话，那自然可以判他们一个攀龙附凤的罪名，这大概没有什么问题。但是刘媪死得早，她没有等到刘邦发迹，就一命归阴了，所以恐怕也不是蓄意编造。

我们假定司马迁记下这个传说为真，那么刘媪做过这样的怪梦，谁也没法否定，做梦见到比这更奇特的事多着呢。可是刘太公看见蛟龙一事，恐怕无论如何也不能让人相信，因为自然界中本来就没有龙这种动物。

刘邦当上泗水亭长是在成人之后。即使泗水亭长只是一个小小的差事，但秦法规定：十里设一亭，设亭长，掌治安，宿旅客，理民事。虽然亭长管理的十里地之内人不多，但事务繁多，一人担重任。

刘邦作为一名无业游民，"不事家人生产作业"又"好酒及色"，因此，一个叫王媪的人开的酒馆和一个姓武的妇人开的酒店成为他经常光顾的地方。但苦于无钱，他只能赊酒喝。无钱的人爱赊酒喝还常醉，刘邦也不例外，正所谓"酒债寻常行处有"。俗话说"欠债还钱，天经地义"，但这在刘邦身上并没有实现，主要还是归因于一件怪事。姓武的妇人和王家的老太太感到惊奇的是刘邦的头顶"常有龙形"。虽然，长时间赊酒喝使刘邦债台高筑，但这两位做小本生意的妇人却将账目一笔勾销。

作为一个亭长，刘邦也算清闲，所以他经常回家看老婆吕雉和两个孩子。

有一天，吕雉带着两个孩子在田间耕作，一个过路的老头儿想讨碗水喝，但好心的吕雉却把带到田里的饭食给了他。

恰巧，讨水的老头儿是位相面先生，所以，他就自然而然地给吕雉算了一卦，说："夫人是将来要母仪天下的贵人。"

吕雉就是为后人所知的吕后。当时被老头儿说"母仪天下"，于是就揣测，难道刘邦是皇帝？

所以，她马上又请老头儿给儿子相面。她的儿子是刘盈。

老头告诉吕雉"正因为有这个男孩儿，所以夫人才会母仪天下"。

在刘邦死后，刘盈继位，史称汉孝惠帝。

在给吕雉的女儿相面之后，老头儿说："此女也会大贵。"此女就是嫁给赵王张敖的鲁元公主。

刘邦在相面老头儿离开后不久回来了，吕雉把老头儿说的话一五一十地告诉刘邦。刘邦惊喜之余问："老头儿走多久了？"

吕雉说："没走多久。"随后，刘邦就追上了他。他烦请老头儿给他相一面。

在仔细端详刘邦一番后，老头儿说："您的相正如您夫人和孩子一样是贵人之相，但你的贵更难言。"

拜谢之后，刘邦感激地说："如果日后真如您老人家所说，我定会将您的大恩大德铭记于心。"

在登上皇位之后，刘邦派人去寻找相面老头儿，但已无处可寻。

刘邦相信面相，古人都是如此。

在春秋末期、战国初期，赵简子选择无恤作为赵氏继承人，很大原因是听从相师布子卿的话。无恤就是后来作为三卿分晋中一卿的赵襄子，后来他建立了赵国。

关于刘邦的长相，《史记·高祖本纪》中有粗略的记载：

高祖为人，隆准而龙颜，美须髯，左股有七十二黑子。

所谓隆准，指的就是高鼻梁。《神相全篇·卷三》曾这样解释：

鼻为中岳，其形属土，为一面之表，肺之灵苗也。……隆高有梁者，主寿；若悬胆而截筒者，富贵。

另外，还有如此解释：鼻如截筒，衣食丰隆……准头圆直，得外衣食。准头丰起，富贵无比……准头圆肥，足食丰衣。

关于刘邦的鼻子，我们不是很了解，但凭相书所言，仅他的鼻子就可以给他带来"得外衣食"、"富贵无比"、"足食丰衣"的生活。

所谓"颜"就是脸，关于"龙颜"，我们不得而知。但毫无疑问，龙颜指的是一种极其威仪的相貌。

《神相全篇》中这样解释：

一取威仪：如虎下山，百兽自惊；如鹰开腾，狐兔自战。不怒而威，不但在眼，亦观颧骨神气取之。

二看敦重而精神：身如万斛之舟，驾于巨浪之中，摇而不动，引而不来；坐卧起居，神气清灵，久坐不昧，愈加精彩，如日东升，刺人耳目，如秋月悬镜，光辉皎洁……

刘邦凭借龙颜，能够做到"如虎下山，百兽自惊"。龙是中华民族的图腾。所有的炎黄子孙都是龙的传人。作为玉皇大帝的臣子，龙作为王，它能够上天入地、行云施雨、变化无穷……

凡人一旦跟龙产生了关系，如果他不能成为真龙天子，那么他势必成为孽龙。假如孽龙得到皇帝的宠爱，被封为真龙天子，那后果难以预料。虽然刘邦出身贫贱，但他的"龙颜"却能使其终生受益。

除此之外，刘邦还长有"美须髯"。

关于须髯，《神相全篇·卷三》作出了解释：

髭须黑而清秀者，贵而富，滋润者发福。……黑而光泽，富贵无亏。

刘邦这人真是浑身是宝。

关于刘邦的独特之处，还体现在他的外貌上。在古代，很多人留有又长又好看的胡须，通常以"美髯公"称之。胡须对古代的男子是十分重要的，因为仅胡须就能让人肃然起敬。美髯不仅可以使刘邦显得高贵，更使他看起来少年老成，可靠信赖。

但他最独特的身体特征，是他左腿的72颗黑子。对于黑子，也就是黑痣，我们不能想象为是大小相同、颜色一样、距离相等、排列整齐的72颗黑痣在他左腿生长。如果这样，他肯定是个怪物。

关于具有科学色彩又带点神秘主义的"相人术"，很多说法也只能是牵强附会。正如同听信"大家乐"，很多人去看灶香燃烧的烟灰，猜测鬼神对得奖号码的示意。

这同刘邦左腿的黑子大同小异，那可能只是胎记、黑痣和斑点的组合。但不论如何，据中国古相学所说，72是吉祥数字。

凭借这些传说，刘邦的威信越来越高，跟随他的人也就越来越多，他被老乡称为沛中豪杰。关于刘邦的神话，虽然不具有科学性，但将古人的文化观念展露无疑。这种传统从古至今一直萦绕于中国人心中，否则当代的星座、算命和计算机占卜早已销声匿迹。无论如何，有一点值得肯定，那就是神话为刘邦完成统一大业、成为帝王提供了舆论支持，起到了推波助澜的作用。

所谓人微言轻，这是多么深刻的道理。身份低微，易为人觑，欲成大事就得好好包装自己，这是形象的问题。同样的发展，如果将自己包装、炒作起来，受到了大家的关注，那么在起步阶段，就会收到更好的效果，从而在发展的道路上，达到事半功倍的效果。

与秦末同时起兵反秦的旧六国的贵族后裔相比较而言，刘邦没有显贵的家世，他的地位非常卑微，只不过属于大耳朵百姓之类，但他从小就喜欢包装造势，不论面相还是外表，他以各种条件来装扮自己，这的确收到了极好的效果。

正因为刘邦善于美化包装自己，给天下人造成了他"贵不可言"的直觉印象，所以刘邦起义后，那些希望改变命运、追求富贵的人，就开始死心塌地追随刘邦，和他一起出生入死。尤其是刘邦年轻时结交的朋友，他们受刘邦包装效果的影响最深刻，所以他们对刘邦的支持更是无私的、全心全意的。没有他们的帮助，刘邦很难夺取天下，取得成功。由此可见，一个人要想在人生和社会的博弈中获得成功，应该适当包装自己，建立自己的名誉和知名度。

事实上，在现代社会，一个人要想获得成功，良好的个人形象、较高的知名度和美誉度是非常重要的一环。那些取得成功的博弈者，往往都非常擅长包装自己、树立良好的个人形象。

构建人脉关系网

一个人单打独斗很难获得比较大的成功，要想获得成功一定要借助别人的帮助。俗话说，一个篱笆三个桩，一个好汉三个帮。讲的就是在个人成功的道路上，需要获得他人的帮助，所以我们在发展中，一定要结交朋友，吸纳人才，构建属于自己的人脉关系网。历史上那些成功人士，无一不是靠构建人脉关系来获得支持，取得最后胜利的。从一介平民变为一代帝王的刘邦更是如此，让我们一同看一下刘邦是如何打造自己的人脉网的。

公元前247年的一天，刘邦降生到了这个世上。同一天，丰邑中阳里有户卢姓人家，也生了一个男孩，取名卢绾。由于刘、卢两家是世交，又同日添丁，自然是皆大欢喜，邻居们更认为是双喜临门，于是，两家都大摆宴席，风风光光地热闹了一番。

刘邦与卢绾从小感情很好，经常在一起玩耍。刘邦颇有领袖气质，处处喜欢当老大，卢绾个性温和，比较安守本分，因此也乐于为刘邦摇旗呐喊。后来，刘邦起兵反秦，卢绾一直追随刘邦，参与诸侯博弈，虽然表现平平，未曾建立大功，但因为非常尊重刘邦，所以也颇受刘邦重视，刘邦建汉后，卢绾被封为长安侯，随后又被晋封为燕王。

虽然刘邦的家境一般，但由于他在家中是最小的儿子，所以干不干活都没有多大关系，更何况他又是家中唯一有点学问的人。在父母的放纵之下，他渐渐地成为了天不怕地不怕、对世事不太计较、什么事都不在乎的"浪荡儿"。

由于刘邦手头上比周围的伙伴相对宽裕得多，而且花钱比较大方，所以很受同伴欢迎，跟在他旁边起哄的随从越来越多。加上他个性豁达，为了"面子"，什么事都可以答应下来，许多人都喜欢与他打交道。

当时，秦朝法律严格，交通又不畅通，很多地方官员认为管理好地方不是一件容易的事情。所以，他们经常结交地方上有威望的人协助管理。同样，沛县的一些官员也不例外。他们喜欢与刘邦往来，更喜欢刘邦为其排忧解难。这不仅提高了刘邦的知名度，建立了人脉关系，更使他有机会当上亭长。

与此同时，刘邦结识了曹参和萧何。后来，他们两个都成为刘邦统一天下的左膀右臂。

曹参和萧何都是沛县人。萧何与刘邦一样，都是生在丰邑，所以二人更是老乡。萧何自小接受良好的教育，文采出众，所以，担任沛县的主吏掾，是县里管理人事和文书的官员。而曹参作为县里的狱掾，职责是管理问题人物。虽然职位不高，但他们都是沛县有威望的人物。

萧何是个性情温和又富宽容心的人。他工作认真，待人随和，擅长

刘邦

谈判，善于独立思考，更慧眼识珠。所以上司欣赏他，推荐他到咸阳做官，但萧何因为感觉到秦国即将灭亡，天下将再次大乱，呆在地方更为安全，所以婉言谢绝。担任负责人事考核的官职使萧何有机会关注沛县中的各色人等，因此，他自然注意到了拥有好人缘和豪气冲天的刘邦。萧何认为，如刘邦这样的人，定是乱世中的英雄。所以，为了进一步了解刘邦，萧何推荐他当上了泗水亭的亭长。对于发现他的伯乐，刘邦更是尊敬有加，所以他什么事情都会跟萧何商量。为官期间，刘邦的"好吧！反正听你的就是了"足以体现出他对萧何的信任，这也使萧何对他更加倾心，致使萧何后来追随刘邦博弈天下。

曹参豪放，但性格中庸、粗中有细，与刘邦志趣相投。刘邦慷慨好施、善恶兼收、毫无偏见、对朋友一视同仁的个性使曹参倾心与他。

除此之外，那些最忠心、最讲义气的"市井兄弟"也构成了刘邦的人脉。对他忠心耿耿的除了同年同月同日生的卢绾，还有樊哙、周勃、夏侯婴。他们为刘邦肝脑涂地，在所不辞。正因为如此，他们成为刘邦后来博弈天下的得力助手。

樊哙是一个虎背熊腰、力大无穷的杀狗屠夫。他为人忠厚老实、善于搏击、大公无私、与朋友坦诚相待、讲义气，与刘邦感情要好。在卖狗肉时，樊哙借助刘邦的人脉关系，生意红火。所以，无论刘邦有什么事情，樊哙都会全力以赴。

经樊哙介绍，刘邦结识了从小习武的周勃。周勃不善言谈、不苟言笑，大家对他"敬而远之"，所以朋友不多。但刘邦对周勃这种勇武却低调、不善表现的个性颇为喜欢，所以，刘邦凭借热情大方的个性很快攻破了周勃的"心理防线"。在交往中，刘邦的亲热和信任使周勃忠心于刘邦，并成为刘邦的忠诚大将。

在所有的"市井朋友"中，最特别、对刘邦的人脉关系影响最大的是做县府马夫的夏侯婴。他与刘邦性格相仿，豪放而又幽默，但更聪明干练。两人趣味相投，惺惺相惜。因为夏侯婴机灵、善于交际，所以成了刘邦的"军师"。刘邦对他言听行从，夏侯婴感觉自己很受重视，所以"士为知己者死"的使命感更强烈了。

同在县府办事的萧何很奇怪夏侯婴的行为，不明白县府的官吏怎么会喜欢去做一个平民的喽啰，便向夏侯婴问明个中原因。夏侯婴向萧何讲述了刘邦的人格魅力后，萧何就开始注意刘邦了。在某种意义上说，是夏侯婴向刘邦介绍的萧何。

有了一帮喽啰的吹捧，刘邦的名气越来越大，志向也越来越高远，他开始刻意模仿孟尝君的所作所为，有意识地结交各种朋友。如此一来，他的人脉资源就更加丰厚了。

在刘邦的早期人脉中，无论是"官场朋友"萧何和曹参，还是"市井朋友"卢绾、樊哙、周勃和夏侯婴，都是他后来博弈天下的得力助手。在刘邦博弈天下的过程中，他们无不给予无私的支持，帮助刘邦从布衣开始，趁秦末天下诸侯纷争之际，由弱变强，逐一击败各对手，建立了汉王朝。

一个好汉三个帮，刘邦正是因为在博弈天下前做好了人脉储备，广泛结交朋友，笼络了一大批铁哥们儿，才使得他在后来的博弈中有萧何、曹参、卢绾、樊哙、周勃、夏侯婴等为他出生入死，帮助他成为了诸侯博弈中的最终胜利者。在现代社会中，一个人要想获得成功，也应该借鉴刘邦的成功博弈经验，广交朋友、储备人脉，这样，无论是在商海、职场、官场，还是其他方面的博弈中，都会有更多的人替你出谋划策，对你鼎力相助。这样一来，成功的几率自然会大大提高。

我们所处的社会已经不再是单打独斗的社会，一个人要想发展，要想取得成就，就要融入社会，就要建立自己的关系网络。关系网络可以是伙伴、同学、同事甚至合作伙伴，首先他们是有能力的人，其次，他们是可以结交的人。只有有能力的人，才有结交的价值，才有构建自己关系网的意义。只有可以信赖，可以结交的人，才能够真正成为自己关系网中的一员，而不是在自己关系网中空占据位置和精力而对自己没有意义的人。

在现代社会便捷的条件下，可以通过各种途径构建自己的关系网，午餐、球赛、健身……我们大可不必像刘邦一样做个混迹街头的、无所事事的人，但是只要我们注意结交，在日常生活中表现出自己的结交意识，就会有人走进我们的社交圈，在我们的日后发展中，给予我们莫大的帮助。

人才就是资源，人才就是信息，人才就是财富，这些现代观点，实际上聪明的古人早已深谙其理，并且身体力行之。刘邦能以一介布衣（亭长应属布衣小吏），而最终夺得天下完成帝业，善于结交人才、聚人才、用人才，这是他成功的一大要诀。如果说"性格即命运"这话言之成理，那么，刘邦性格中的乐善好施、热情大方、广交朋友，成了促使他成就霸业、改变命运的基因。

总而言之，一个人要想在博弈中获得成功，必须要有广泛的人脉

资源，有几个能在关键时刻鼎力相助的朋友。刘邦的天下从很大程度上讲，就是在这些朋友的协助下打下的。对于每一个想在社会博弈中取得成功的人来说，朋友的帮助是取得成功的关键因素之一。

炒作造势，提升声誉

一个人如果想要别人记住自己，最好的办法就是要提高知名度，同样，作为一个团体的领导也要这样。只有让别人知道有你，知道你是谁，才可能和别人抗衡。所以我们就要学会炒作，以提高自己的声誉。

刘邦年轻的时候就以好吃懒做，无所事事被乡人厌恶。等到成年以后又以拈花惹草，广交"狐朋狗友"，爱说大话闻名于四方。不管是正面出名还是反面出名，反正他的追随者挺多的，他是一个很会给自己做广告的人。刘邦还有一个特点是爱好游侠，正是他的这个嗜好给自己带来了很多交友的机会。他信奉信陵君，信陵君是什么人呢？他是魏昭王的小儿子，原名为无忌，哥哥即位后就封他为信陵君。信陵君虽然身为贵族公子，但他大开侯门，礼贤下士，广泛结交天下英才。而且他的交游，不问血缘世系，不问财富职位，看重的是个人的能力技艺，上至经邦治国，下至鸡鸣狗盗，都是有一技之长的人。久闻信陵君的为人，各国有能力的人士，纷纷慕名前往，争投于门下。极盛时期，信陵君门下的食客，号称有3000之众。然而，当刘邦知道信陵君的时候，他已经去世了，因此就去寻找张耳。张耳是和信陵君有着一样风格的人，仗义豪气，刘邦就积极地学习这种风格，返乡后刘邦也凭借游侠的方式结交了众多的好友，不管是盗寇、混混还是有侠义之风的志士，他都以豪爽之气接纳。他虽没有多少钱财，但总是仗义疏财，有多少拿出来多少。

靠着自己的游侠风格，刘邦很快在各色人马中站稳了脚跟。他的仗义疏财，他的爽朗以及心胸开阔让很多人都对他刮目相看。等到刘邦做了泗水亭长后，他又结识了很多人，其中包括前文提到的萧何和曹参。当时，萧何很看好他，觉得这人外表虽然不修边幅，说话有时候也会大话连篇，但真正遇到正事，他的心中还是有一番见解，并且言语之中透露着一股豪气，让人很是震撼。萧何觉得他不是一个真正意义上的流氓、无赖，于是很喜欢和他打交道。萧何乃是县衙里的重要级人物，有着很高的地位。而刘邦只不过是一个替补公务员，工资都不是国家发的小混混。很多时候，乡亲们都会看见一个贵族气质的公子跟在一个爱说大话的无赖后面，这也对刘邦的名气起了很大的作用。刘邦很快在众人眼中成了大红人。当然，"大红人"这三个字有褒有贬，有嘲笑也有讥讽。然而，刘邦全然不顾。他的心中有着一个梦想，虽然这个梦想的范围还没有落实，但他相信自己做的梦不是小梦而是一个很大很大的梦，至于大到什么程度，刘邦还在耐心地等待参照物的出现，也就是他所建造的企业规模。

如果有了梦想，不去追求那么就永远不会成功，如果想建企业，那么就应该去为之奋斗，这是理所当然的事情。美国创业大王雷·克里斯说过这样的一句话："成功的创业者，最重要的是要笨，要狂，要天真，要懒散"。这句话也就是在告诉我们"要笨到不在乎会得到什么结果，要狂到肯把自己的一切全投入工作中，要天真到不想一个人独享成果，所以一开始便想和人分享，要懒散到必须有一大堆人替你工作。你只要坐下来，好好想你正在做些什么，以及你打算怎么做。"刘邦是这样的人，他很明白自己目前在干什么，以及该干什么。

刘邦是一个爱喝酒的人，他年轻的时候经常去两个女人的酒店喝酒，刘邦虽然爱喝酒可是由于没有钱因此只能常常赊账。他酒品好，喝完酒倒头就睡，从来没有什么忌讳，酒醒了就继续喝。《史记》里这样记载刘邦："好酒及色。常从王媪、武负贳酒，醉卧。武负、王媪见其上常有龙，怪之。高祖每酤留饮，酒雠数倍。及见怪，岁竟，此两家常折券弃责。"

意思是什么呢？刘邦喝完酒后经常会有奇怪的事情发生，武负和王媪经常见他身上会有龙的影子出现，很是奇怪。刘邦每次在她们家喝酒的时候，她们当天的销量就会大增，很多客人都会来她们店里喝酒吃饭。等到每年的年末一算账总会盈利很多，因此，这两位老板娘就把刘邦欠下的账一笔勾销了。

刘邦喝酒的时候总会有几个朋友一起来，比如说萧何、樊哙等一些侠肝义气的朋友。在这里他们经常会说话聊天很久，都是些慷慨大方之人，于是这两位老板娘也会经常收到些不菲的小费。因此，她们越发喜欢刘邦这个财神爷。刘邦睡觉时身上会出现龙的景象很快就被这两位妇人有板有眼地传遍了大街小巷。由于刘邦的长相以及他平时的所做所为，越来越多的人就认定刘邦是一个不同凡响的人，也就招致了越来越多的人来结交刘邦。

关于刘邦身上有龙的影子我们无法考证，《史记》上所记载的也带有一丝神话色彩。但是我们可以从这件事上学到一点点东西，那就是如何打名气。刘邦的名气我们也许会有所怀疑，是否是王媪和武负做的秀呢？她们看没看到龙的影子大家都不是很清楚，但是她们说的多了，说的逼真了，说的时间久了，大家的思想就会有所动摇。如果不真，说一次两次也就罢了，但是，这两个妇人经常把看到的奇景挂在嘴边，也就难怪大家不相信了。

如果刘邦身上有龙的影子只是他私下里让这两个店老板娘传递的信息，那么我们就不得不佩服他的高明之处。靠两位做生意的人把自己的名气传播出去，既省了金钱又省了自己的口舌。

我们处在一个不相信神话的时代，但是炒作造势，却是各时代成功者相同的手段。成功者想要奠定自己创业或者发展的基础，首先要让自己为世人所熟悉，也就是要提高自己的知名度。当然，这里有必要提一下，提高自己的知名度，不是要恶意炒作。一些人为了出名而不择手段，这是不可取的。炒作宣传，是要将自己正面的形象树立起来，好像刘邦自一开始杜撰自己的神秘出身，到后来借酒馆主人之口宣传自己的金龙之身，无论哪一样，都是将自己放到了神圣的地位，而不是将自己不成器的浪子形象加以炒作，这才是正确的宣传。

正是这些宣传炒作，将刘邦的身份神圣化，才有了后来刘邦称帝的舆论基础，因为本来，他就已经成为天的儿子，这就是所谓的名正言顺。同时通过这些宣传，使得自己的手下更加相信自己的权威，拼死为自己效力。可以说，这些宣传，为将来得天下打下了基础。

重视基层工作经验

人与人的出身不同，生活环境也不同，这就造成了少数一些人可能会很轻易的就身居要位，但是，绝大多数人，在自己的奋斗经历中，都是从基层的工作开始做起的，基层的工作砥砺了我们的性情，培养了我

们的能力，这就是我们的基层工作经验，关于这一点，可以从古代帝王刘邦的身上得到印证。

在青年时期，刘邦过得并不光彩。他好逸恶劳，寄食于父母和兄嫂家。游手好闲的性格和浑浑噩噩的生活使刘邦"视羞耻为粪土"，为了生存，刘邦绞尽脑汁。然而，寄人篱下、俯仰由人的生活造就了他隐忍和大度的风格。

糟粕与精华同体、恶劣与优良共存是自然规律。无论我们对待这一问题的态度如何，但有一点毋庸置疑：这些是刘邦从一介平民成为皇帝的重要原因。

作为一个普通人，刘邦不为人所称道，但既然他能成为一个封建社会的政治家，定有其独特的素质。

对于刘邦来说，长嫂家的大门如果永远关闭了，他到何地吃饭？

刘邦毫无顾虑，因为他相信未来很美好，绝对不会比原来差。

正所谓"天无绝人之路"，前文提到的庄子上的两个小酒馆成了刘邦的落脚之地。在酒馆里，刘邦可以大口喝酒、大口吃肉，生活滋润。至于饭钱，刘邦没有一个子儿，除偶尔有几文钱外，其余的都是毫无顾忌地白吃白喝。

因为刘邦生性爱交友，所以三教九流都在他的结交范围之内。行侠仗义的品行使刘邦成为了同龄人的"偶像"，他们与刘邦志趣相投，相互来往，因此，以刘邦为中心的小圈子就顺理成章地形成了。刘邦成了他们的指挥官。

每当刘邦去酒馆吃酒，小酒馆都会爆满。白吃喝的刘邦带来的朋友给酒馆带来了更多的银两。

安逸在辛勤的劳动之后才显得弥足珍贵，即使是懒汉也会厌倦年复一年的无所事事的生活。"单一"意味着乏味，张弛有序的生活才有乐趣。

终于，有一天，刘邦开始讨厌自己的生活。

这时，"应该有所事事"的念头出现在了刘邦的心头。

能做点什么呢？刘邦请几个能肝胆相照的朋友来共商此事。

"刘兄，你重义气，所以不适合做生意，因为无商不奸，生意人赚的都是黑心钱，大哥你肯定不行，另外，如果你做买卖，兄弟们的脸往哪儿搁。"这位年少朋友的话把刘邦经商的念头给扼杀了。

"的确如此"，刘邦点头说道。

"大哥，种田也不行，因为你受不了那份罪。即使是豁出小命劳作，到头也挣不了几个钱，干这苦活没什么出息。"这位种田的朋友以亲身体验奉劝刘邦。

"兄弟说得极是。"刘邦又表示同意。

"兄弟，你去做官吧，"一位年纪稍大但之前没说话、满脸思索的朋友开口了，"你是我们几个中最聪明、最有贵相的，将来肯定能做大官。你当官了，我们也能沾点光。另外，兄弟再跟你说件事"，他见刘邦没有动静，怕刘邦把话耳旁风，所以接着说，"前几天你喝醉酒睡在酒馆院子的时候，你头上有条照得我们眼睛睁不开的闪亮的金龙。在场的都看见了，不信你问问他们。"接着，用手指向了其他兄弟。

"是的，我们都看见了。"其他几个人都附和着。

年纪稍大的朋友急切地说："兄弟，这可真是好兆头！"

在沉默许久之后，刘邦"啪"一拍桌子，说道："就去做官！"

顷刻间，在朋友的帮助下，刘邦向仕途迈进。

矛盾的性格为刘邦之后的成就奠定了基础。

经过锤炼之后，刘邦已经成为了一个有志之士。那时，县令为了地方稳定，他不得不笼络地方上有一定势力的乡绅。

自然，颇有声名的刘邦也不可避免地传到了县令的耳朵中。

有一天，艳阳高照，屋外炎热，县令在后院凉亭饮茶。

这时，县令夫人走来，对县令说："前天，我姐夫那里被盗窃了很多衣物、银两，作为县令，你却不闻不问，今天姐姐来了埋怨我。你倒是想个办法啊。"

县令一筹莫展，说："虽然是你姐姐银两、衣物被盗，但我也只能慢慢查。之前我已经差人调查，你还让我怎么办呢？总不能随便找个人要衣物吧。你就耐心等待，告诉你那姐姐、姐夫不要心急。"

这时，县令夫人想出一招，说："你让那与盗贼熟识的人去查访，说不定能查出来。"

这倒是给县令提了个醒。于是，县令马上低声吩咐差役，笑着对夫人说：

"夫人就放心吧，这事就交给我吧。"

掌灯时分，县令陪同一位男子在后堂里挑灯饮酒。这名男子气度不凡，龙颜面貌，高高的鼻梁上面是双炯炯有神的大眼。耳朵轮廓有致，胡须漂亮。与县令畅饮，且对答如流，忠厚中透着干练，此人正是刘邦。

县令开门见山地表达了自己的目的。

刘邦鞠躬说道："您尽管吩咐，只要是小民知道的，一定不会隐瞒大人。"

"不知道你是否知道一件事：前段时间，我内人的姐姐、姐夫家中被盗走了许多银两、衣服。"

刘邦顿时忐忑不安，心里紧张，"难道县令已经查到窃贼？"但回头又想，"肯定不能。"于是，定了定神之后，想探个究竟。

"我倒是听说了此事，但不知道细节，还烦请县令大人直言。"

县令见刘邦很镇定，所以无心多转圈子，于是接着往下说："此案至今还没查出来，但听说你对这周围的人很熟悉，所以还请你为本官查访一下。如果能查出来，本县定会有重谢。"

一听"谢"字，精明的刘邦自知其中的含义，所以他马上点头拱手作礼："大人您请放心，小民定会全力以赴。"

其实，关于此案，刘邦本来心里就有数，因为一个小兄弟曾跟他提起，但与他周围的兄弟无关。所以他鉴于一来知内情，二来与自己无关，三来不与自己一村，接受了县令的任务。

于是，第二天，刘邦把那个叫刘连生的兄弟叫来询问此事。结果仅一天时间就弄清楚了事情的来龙去脉。

晚上，刘邦就去找县令。在敲开县令后院的门后，县令对刘邦比上次更加热情，对他如亲兄弟一般。

在讲事情原委之前，刘邦先拱手作礼：

"我想求大人一件事，如果大人能答应，小人就能讲得痛快，否则，小人即使讲出来，也会于心不安。"

县令说："你尽管说，不要有顾虑。"

"小人只是想为那个犯人求情。大人您可以暗中把那个犯人抓来，唬他交出所窃之物即可，千万不要在堂中审判定罪。因为我答应那个知道实情的兄弟不会监禁犯人，所以才肯告诉我。那个犯人之所以偷盗也是因为家境贫寒。他平时为人忠厚，所以我先为那个犯人求情，希望县令能答应。"

思忖片刻之后，县令便点头答应。刘邦详细地把实情的前因后果讲给县令听。

刘邦把一天的所查向县令娓娓道来。

县令的内姐家财产丰厚，算得上是地方首富。邻村的程五三番五次经过他的门前，于是就有了盗窃之念。

一天，县令的内姐和姐夫出门参加宴会，于是家中仆人都偷懒，早早睡去。为了主人方便，所以就没插门。

程五恰巧经过，很顺利地溜进了县令内姐家中，偷了东西后就溜走了。由于仆人粗心，所以丝毫没有察觉。等到主人回来才乱了阵脚。

在程五慌张回家的路上，他碰到了表亲刘连生，只是打了招呼就匆匆离开。刘连生为此感到十分纳闷。于是，刘连生走了几步后就折回去追程五。

追随程五到家后，刘连生听到了窗内的窃窃私语。知道程五偷了县令内姐家的财物。

从此以后，县令又找刘邦顺利地破了几件案子。在这个过程中，因为刘邦解决事情的方法得当，所以县令开始慢慢赏识这个年轻人。

金秋时节，菊花盛开。县令邀请刘邦来家中赏菊。

在刘邦的帮助下，县令的威信不断提高。所以，他觉得刘邦是一个有用武之地的人。

在几杯酒下肚后，两人高谈阔论、话题不断。正在兴致上时，县令抓住刘邦的手。

"贤弟，你可否愿意为兄解愁？"

"当然愿意。"刘邦毫无顾虑。

"好！"正合县令之意，"从今天起，你就当泗水亭长，怎么样？"

刘邦并不犹豫："谢兄长提拔。"

从此，刘邦开始了自己的仕途旅程。

刘邦是个有心人，他很聪明，所以谋得了这个差事——位于县城东方的泗水亭长，秦朝最小的官职。

"金龙"之说固然荒唐，然而却是神话刘邦舆论的延续。一传十，十传百，无稽之谈常常能使人从半信半疑到深信不疑。此事产生的巨大的政治效应，是由几位老者对刘邦刮目相看，进而为他活动了一个亭长的职务，一个相当于地保、居委会主任的最低级公务员。这便是刘邦从政发迹的第一级台阶。

刘邦在亭长任上最大的收获，是结识了县衙里的几位同样是小不点等级的人物。然而此举却非同小可，因为这几个人物在未来的岁月里将成为刘氏朝廷极为重要的文臣武将。换言之，小小沛县，居然藏龙卧虎，隐伏着未来大汉王朝的两名宰相（萧何、曹参），两员大将（樊哙、夏侯婴），再加上同时期结识的周勃，未来"安刘必勃"的那位太尉，几乎构成了若干年后刘家王朝的核心，这是后话了。

也许这世界太小，将要参加创建"新朝"的核心人物几乎都聚集于此，蛰伏于此，似乎在等待刘邦去发现，去召集。

由于在这个职务上，一来可以有一份谋生的差事，二来可以和自己在官府中的朋友更好地结交，于是，刘邦也乐得做这样一个小亭长。可别小看了这个比芝麻还小的"官儿"，舞台不在大小，而在于如何运作。刘邦将小小亭长的职能发挥到极致，也足见其非同寻常的政治手段。

刘邦在亭长职务上的经历，就好像我们现在所谓的基层工作。在这份工作中，除了结交了以后为自己打天下的一帮朋友之外，刘邦得到了人生中的第一份历练。

首先，他要学会与上司相处，在不久的将来，在他起义之后的许多时候，他都能够以一种低调的姿态处理和别的起义军的关系，不得不说，在亭长任上的韬光养晦教会了他很多。

其次，在亭长职务上，刘邦要面对形形色色的人，这教会了刘邦与人相处的智慧，在日后打天下的过程中，遇到的各色人等，刘邦都能应付自如。并且，在面对这许多人的时候，刘邦学会了如何辨人识人，这为以后挑选并启用人才打下了基础。

第三，在基层的岗位上，刘邦要面临各种突发事件。这使得刘邦学会了随机应变和圆滑的处世之道，就好像在处理盗窃案时，刘邦八面玲珑的办案方式，这为以后他在群雄中谋取一席之地，并不断发展壮大，最终独霸天下，都有很深的影响。

基层工作在当今一些人看来好像是不屑一顾的，但事实上，基层工作也能带给我们许多意想不到的收获。

学会放大人生机遇

决定人命运的最重要因素是机遇，机遇来临的时候，如何放大机遇，获得更多的成功机会，宣传是很有效的一种方法。面对机遇，借势进行宣传，提高自己的知名度，将机遇放大，以博取更大的成功。

刘邦在没有成功之前也是个平凡人，如果他生活在唐宗宋祖那样的太平盛世，要么不名一文，要么在政府里当个低级官吏。

至于他手下的萧何、卢绾、樊哙、周勃等等，更不可能有什么大的出路。萧何可能是个高级文书，退休后受到四里八乡的尊敬，遇到哪家有什么争执做个仲裁。卢绾也许会做个私塾先生，樊哙除了杀狗可能还会帮人打打架，周勃一辈子辛勤编织，大概能混个温饱。

事实是，刘邦的成功还得感谢秦始皇啊！为什么这么说呢？

我们知道秦始皇是中国非常特别的一个帝王，一方面他骄矜自大，另一方面雄心勃勃。他对中国进行了全方位的改革，公正地说他的很多改革是历史的进步，但是改革太迅速了，而且也太新了，人民不喜欢，不适应。他只能依靠强力来实行，这必然会导致国祚不稳。

只是秦始皇一个人认为某一方面好不行，还得广大百姓认可才行，刘邦开明的地方就在这里：他不会轻易将自己的观念强加到别人身上。所以他总能顺势而行，秦始皇则是逆水行舟。逆水行舟，不进则退；秦王朝先是倒退，然后崩溃。

秦始皇盛年驾崩，赵高、李斯、胡亥三人篡改遗诏，诛杀公子扶苏和大将蒙恬，秦二世胡亥即位，那一年刘邦47岁。47岁在古代已接近"知天命"的年纪了，此时刘邦翘首以盼的"天命"还没到，依旧是个亭长而已。可见，在秦王朝的体制下，像刘邦这样性情直爽的人升官比较难。

然而，机会终于等到了，不过，机会来临的时候却是以"危险"的面目出现的。

秦二世当皇帝后，第一件事是隆重修建父亲的皇陵，第二件事是绞杀兄弟姐妹。始皇陵墓在咸阳骊山上，是一项非常浩大的工程。二世颁布诏文，令全国各地抽调囚犯赴骊山修皇陵。沛县收到诏文，这项吃力不讨好的差事落到刘邦头上。

就这样，刘邦领着500囚犯前往咸阳。途中，经常有囚犯逃走，刘邦

左右为难。他一方面不忍心看到这些人到骊山受折磨，另一方面是公务在身，如果没有完成任务，自己恐怕也难逃干系。

刘邦脾气很好，不像其他官吏那样虐待囚犯，囚犯逃了他也没有严厉追究。一路上，逃亡的人越来越多。刘邦这时陷入了极度的矛盾之中，他原本就讨厌秦朝的暴政，但现在自己是公务人员，眼看逃犯越来越多，到了咸阳，自己交不了差，只怕要被问斩。

心烦的时候，刘邦最喜以酒浇愁。路过丰乡的大泽边，眼见前面有个亭子，里面有人卖酒。刘邦干脆停下来，召唤囚犯们原地休息，自己跑到亭子里大口喝酒。喝着喝着，脑子里豁然开朗。一直喝到下午时分，刘邦忽然对众人说："现在我送你们到骊山充当苦役，你们去了，难道还想回吗？反正咱们是老乡，今天我就豁出去了，放你们回去，大家说好不好？"

众人听到这话，都是欣喜若狂，如同捡回性命一般。大家纷纷对刘邦道谢，刘邦和差役一一解开囚犯身上的绳索，让他们早点离去。有些人谢过之后，脚步飞快地往家里跑，有的人却不急着离开，问刘邦："大哥，你放了我们，你回去怎么交差？"

刘邦自知已无退路，听了这话，反而哈哈大笑："你们都走了，我也只好远走高飞了，难道会愚蠢到回去报官，自寻死路？"

见刘邦如此有侠义之气，当即有几十个大汉站了出来，说道："刘公这般侠义心肠，我们愿意追随刘公，相互间也好有个照应。"

刘邦慷慨说道："是去是留悉听尊便，我绝不勉强。"

几十大汉听如此说，更加钦佩。

星月之夜，刘邦带着几十人的队伍在大泽中穿梭。因为担心被人发现，所以不敢走大道。大泽一带草木很深，大家矮着身子走无人能发

汉高祖刘邦斩蛇雕像

现，只是途中荆棘太多，不得不用剑开路。一路上时常会有洼地，走起来跌跌撞撞。

刘邦酒意还未醒，在两个汉子的搀扶下往前走。忽然，听到前方草丛中哗声大作，刘邦竖起耳朵，往前走。走在最前面的一个人来到刘邦跟前，禀道："前面有一条大蛇挡住了道路，蛇有几丈长，凶狠异常。刘公，我们不如原路返回，再找其他的路吧！"

刘邦借着酒劲慨然道："大丈夫行路，难道还怕一条蛇？"说完，推开那人，挺剑孤身前行。走出几十步，果然看见一条大蛇横在沼泽中，见到刘邦，丝毫不退避。刘邦举起剑向大蛇劈去，连劈几剑，终于劈死大蛇。

斩掉大蛇之后，酒意和倦意同时泛起，刘邦便倒在一棵树下睡着

了。后面那些人见前面没有动静，蹑手蹑脚往前走，隐约听到前面有哭泣声。众人感到奇怪，缓缓趋前，只见一个老妇人在大蛇尸体边哭泣。

一个人问道："老婆婆，你为什么哭啊？"

老婆婆的回答更奇怪："我的儿子被人杀了，所以我在这里哭。"

"你的儿子是怎么被人杀的？"

"我的儿子是白帝之子，化为蛇形，横在这条路上，没想到却被赤帝之子杀了。所以我才伤心啊！"

大家正笑话老婆婆胡说八道，她就消失了。众人都觉得非常离奇，将这奇遇告诉刘邦，刘邦听了很高兴，认为自己就是赤帝之子。

这故事非常离谱，很可能他真的斩了一条蛇，只不过不是那么大的蛇。当上皇帝后，为了巩固统治，再将这段经历添油加醋一番，大家会感觉他确实是真命天子。这虽然不足为信，但也算是一种非常高明的宣传技巧吧，可见，刘邦在当皇帝前和当皇帝后都是下过苦功夫的，他是练过的。

可见，机遇来临的时候，在抓住机遇的同时，还需要有利用机遇的技巧，那就是借势宣传，趁机将机遇放大，将自己推上机遇的顶峰。

我们来看刘邦的做法，刘邦在起义之后，并没有造成多大的影响，于是刘邦进行了又一次的宣传，也正是经过了一番宣传，在舆论上造成了一种倾向，在人们心目中造成一种既定事实，那就是，刘邦与皇帝一样，是上天的儿子，他即使夺取秦始皇的政权，在理论上来说，也没什么不合理的。这无形中就将刘邦的机遇扩大了，这么借着起义的势头一宣传，本来可能他只是一小队流民的头目，在山里做一个山大王，而经过斩蛇的宣传，他就直接将自己推到了九五之尊，可见放大机遇多么重要。

正因为经历了那么多的磨难，他才能把问题处理得恰到好处，才能把世道人心看透。正如老子所说：大器晚成。所以，我们的眼光不能盯着他虚假造势的一面，而要结合当时特殊的环境来理解这个人。

因为，自从黄帝开始，历代帝王都是这么神化自己的。而且，也正是通过这样的神化宣传，刘邦将自己的天命所归进一步强化了。在人们的认识中，刘邦是龙种的观念更加深入人心。也正是凭着坚持不懈的炒作和造势，刘邦将自己推到了时代的风口浪尖，并最终走到了时代的巅峰。

我们现代社会中，在战略机遇期，对于机遇，要冷静把握和分析，通过各种手段放大机遇，将身边微小的机遇放大到极致，以拓展我们的成功之路。

敢冒风险抓机遇

在我们对历史上成功人士的成功经历进行分析之后，可以得出结论，在成功的道路上，面对机遇的同时，同样会面对风险。这时候，是冒着风险抓住机遇，还是选择放弃，等待机遇的再次光临，面对选择，成功人士大多是选择顶住风险抓住机遇，并获得了巨大的成功。

前面说到了，刘邦的身世经过炒作之后，被神化为"龙种"，既然刘邦是"龙种"，有"龙颜"，就还必须干一些"龙事"。虽然刘邦只是小小一个亭长，更兼游手好闲，但他却能言善辩，少不了被上头派些公事。正因为这桩公事，刘邦的"龙气"就更加发扬光大、越发传神了。

前面说过刘邦私放囚徒，有一部分壮丁却愿意追随刘邦同生共死，一闯天下。刘邦就这样带着他的那一行人。走出了大泽，进入了人迹罕至的芒砀山。

芒砀山（今河南省永城县东北），分为芒、砀两座山，北边叫芒山，南边叫砀山，其间相距七八里地；两山之间，峰回路转，谷深林茂，人烟稀少，野兽出没。虽不能说"棒打豹子瓢舀鱼，野鸡飞到饭锅里"，但也是一个很好的生存环境，虽然吃不上龙肝凤胆，但是活下去是绝对没有问题的。刘邦找到这样一个隐身的地方，就带领众人在这里当了山大王。

大凡成为帝王的人，尤其是从一介平民而最终夺得天下的人，比之世袭的皇帝往往更具有性格的多面性，性格中也总能找到一些比之世袭皇帝较为可贵的成分。这是因为打天下、定江山是一场艰苦卓绝的斗争，参与其间的风云人物，优胜劣汰，大浪淘沙，弱肉强食，胜者渺渺。其成功者若不具备一定的优势，包括性格的优势，是很难众望所归，克敌制胜的。此外，就一个具有多面性格的具体的人而论，在初出茅庐起事之始，或打江山的创业阶段，其性格的优秀一面（比如宽厚、仁慈、勇敢、坚强、善于团结、重视人才等等）总是会尽可能地充分展示与发挥出来；其性格的恶劣一面（比如刚愎自用、残忍冷酷、过河拆桥、奢侈纵欲等）总是会收敛一些，韬晦一些。用上述的观点来看刘邦，看举旗起事之初的刘邦，就容易理解他敢于释放五百民夫、不惜自己孤身亡命的善良之举、仗义之举。当然，此举也包含着他性格中的平民化的一面，这也是毋庸讳言的。总之，出自心底对受苦民夫的同情、对秦王暴政的反感，再加上笼络人心的功利考虑，这一切构成他甘冒杀头之险"叛逆"行动的心理基础。

秦二世元年秋，陈胜、吴广的张楚政权摧枯拉朽，天下响应，各地义军蜂起。刘邦那颗不安分的心也蠢蠢欲动，只要一个时机，便会冲天而起，化为巨龙。

机会很快就来了！

华东地区风声鹤唳，各地官员大为紧张，刘邦的老家沛县县令正召集萧何与曹参等重要干部商议向左走还是向右走：向左走，保秦吧，很可能被起义军砍头；向右走，反秦吧，他一个朝廷官员带头造反，也会被朝廷砍头。

时事如此，他们也很为难呀。

其实他这么一商议，就摆明了有反秦的心，秦朝法刑严苛，怎会轻饶叛徒。所以，他根本没办法回头，要做的就是怎样把反秦的事落实好。因此他提议：我来领头响应陈胜吧。

结果萧何把头摇得像个拨浪鼓：不行不行。您是朝廷官员，如今带头造反，老百姓未必会信任您。

曹参说：那要不就由萧何你来发号施令吧，你德高望重，沛县子弟一定会听你调遣。

萧何又连连摇头：不行不行。我也是食朝廷俸禄的人，不方便出面的。

这……县令为难了。

萧何说："沛县子弟在外亡命者多，不如召集回来，由他们领导。"

县令犹豫了："……有谁可以担此重任呢？"

萧何煞有介事地想啊想，然后说："泗水亭长，刘季，因押解劳役失职，如今逃亡在外，手下已有数百人之众，可当此大任。"

情况紧急，孤掌难鸣，县令答应，刘邦功成。县令哪里知道原来萧

刘二人早就知己良朋了。

此刻刘邦正率领沛县子弟在山中逃亡，萧何派樊哙往深山中找到他，如此这般一说，刘邦正苦无门路，瞌睡碰着个枕头，赶紧收拾细软，率领手下，浩浩荡荡奔县城而来。

他往县城挺进的时候，县令也醒过神来了：自己中了计了。干脆，闭门坚守，不许刘邦进城，并且派人捉拿曹参和萧何，一定要杀掉这两个吃里扒外的家伙！

关键时候，人脉关系很重要。县令的马车夫叫夏侯婴，和萧何等人关系都很好，所以危急中夏侯婴发动县府所有马车，将萧何、曹参等人在城门尚未封闭前送出城外，投奔刘邦去了。

萧何一见刘邦便告诉他县令反悔，城门已闭，需要从长计议。刘邦只笑不语，示意继续前进。原来刘邦不傻，走到半路，想到县令的脾气，绝不会轻易放弃自己手里的权力，甘心听命他人，自己如果傻乎乎自投罗网，岂不是难以回头？干脆，刘邦派樊哙回去联系沛县父老，自己随后准备武力夺城。

成功青睐有准备的人，这句话是极有道理的。

刘邦的部队到城门下时，见城门紧闭，戒备森严。他问萧何："咱们这帮人要攻下县城也不容易，万一附近秦军来援，我们就进退两难了。你说该怎么办？"

萧何说："强攻不如智取！"他建议如此如此。刘邦大笑："妙计，妙计！"

很快，城里箭下如雨，每根箭上都绑着一块布，布上写着字，大意是：暴秦无道，天下之人受难已久。现各路诸侯蜂起，兵旅所至，恐沛县难免屠戮之灾。乡亲父老不如擒杀县令，响应义军，才是保家卫城之道，否则很可能玉石俱焚。

帛书矛头直指县令，县令当然不愿意，立刻全城戒严。奈何民心向背非人力可违，当晚即发生民变，县城一片混乱，卫兵也纷纷倒戈。县令孤身逃跑，被乱民所杀。

于是，城中的父老率领子弟共同杀死沛令，开城门迎接刘邦入城。刘邦入城后，城中父老想要推举他为沛令，刘邦辞谢说：

"当今天下大乱，**各路诸侯并起反秦**，如果选择将领不当，将会一败涂地。我不是爱惜自己的性命，只是担心自己的才能薄弱，不能保全沛县的父老兄弟。这等大事，愿大家推举可以胜任的人。"

当时在场的萧何、曹参都是文官，爱惜自身，顾虑多端，担心大事不成后被秦朝诛灭全家；同时，萧、曹又深知刘邦能成就大事，便都推举刘邦。诸位父老们对刘邦说："我们早就听说过有关您的种种奇闻，日后定当显贵；况且我们已经占卜过了，没有人比您更为吉利的。"

刘邦还是多次推让，但众人谁也不敢领头起义，最终还是推举刘邦做了沛公。

其实，刘邦在担任亭长带领一帮人员自第一次入关中，在咸阳纵观秦始皇帝车驾出游之后，便做起了皇帝梦。沛县父老推戴他为沛公，他喜在内心，但表面上却再三推让。刘邦深知在场的人谁也不敢为首领，他推让再三，是为着表明他带头起义不是出于私心，不是为了封侯称王，而是在父老子弟们的再三推举之下，不得已而担任沛公，为的就是把人民从水火之中救出；与此同时，担任此官也是为了日后管理，因为是众人推荐，所以理所应当服从指挥和管理。

刘邦与各路起义军首领的不同之处在于，刘邦起义并不是为了做诸侯王，而是从起义最初就把目标定为夺取皇帝宝座。所以，在答应父老

乡亲做沛公之后，庄重地举办起义仪式，不走寻常路。

在县府大庭中举办起义仪式时，刘邦携众人首先祭祀传说中上古的五帝之首黄帝，另外还有蚩尤。黄帝由于善于战略战术，所以被中原各族认为是祖先，而作为南方部落首领的蚩尤，不仅可以创造兵器，而且善战。所以，刘邦祭祀黄帝和蚩尤，是希望在起义的过程中能得到神灵的保佑，使起义大获全胜，最终夺皇帝之位。之后，将牲畜的血涂在战旗和战鼓上祭祀。为了推翻秦朝，刘邦要求起义军使用红色军旗。与此同时，萧何、曹参和樊哙在沛县共招收3000名弟子，以进攻胡陵（今山东鱼台县东南）、方与（今山东鱼台县西北），还守丰邑（今江苏丰县）。从此，他们进入了秦末农民起义的大军之中。

可见，成功的人生需要机遇，更需要天赐良机。机遇对人生来说如同登泰山的台阶、攻城或救火的梯子，是成功的阶梯。每一个成功的人生背后都会有用机遇砌成的台阶，如果没有这些台阶，我们将永远在原地驻足，得不到任何改变。

既然机遇对人生成功是如此重要，所以我们在实践活动中必须善于发现机遇、把握机遇，更重要的是创造机遇，从而走向事业的巅峰。然而，我们需要了解把握机遇需要具备什么样的心理素质，只有这样才能做到：机遇来临前，善于发现并有所准备；机遇到来时，牢牢抓住；即使没有机遇，也能创造机遇，最终走向成功。

古往今来，很多伟人如众人一样普通或有各种各样的缺陷，但从他们身上，我们都会发现一些与众不同之处，就是所谓的个性。而这个性正是使他走向成功的关键。终其一生，他们都在不断地奋斗、完善和补充，发现机遇，一旦抓住宝贵的机会，他们都会奋不顾身、勇往直前。

那些对风险望而却步、不敢挑战前人未做之事、不敢攀登前人未登之峰、永远体会不到冒险的刺激和成功的喜悦的人，是永远不会有所为的，他们只能消失在历史的长河中。

上帝对于每个人都是公平的。他赐给人的机遇犹如带刺的玫瑰花，诱人但又有风险。谨慎对于一个成功的创业者来说是必备素质，但冒险精神同样不可或缺。若想有所作为，必须能经受住风险的考验。也就是说，在人们走向成功的时候，也得付出一些代价。

冒险好坏与否，我们不妄加评说，但可以这样说：胆怯终无大成；冒险可获机遇。所以，任何有远见卓识的人，都敢去冒险。

正所谓：人生成败，关键在机遇。成功者之所以成功，是因为抓住了机遇，不然，就是失败者。不容否认，机遇是非常重要的，但机遇不是常有的，很可能会稍纵即逝，所以，我们必须为抓住机遇做好准备，正所谓"机会垂青于有准备的人。"只有这样，我们才能在机遇列车开来时不会错过。

为取成功　仁义为本

孔子曰成仁，孟子曰取义。儒家学说统领中华民族思想数百年，已经在人们心目中扎下了深厚的根基。我们想要获得成功，得到世人的认同，也要以一颗仁义之心灌注于胸中。对于这一点，在刘邦称王之后表现得尤为突出。

在汉王刘邦元年（公元206年）十一月，沛公（这时刘邦已称沛公）在率先入关后，他听从属下意见，还军霸上。并在此后，立即召

集关中各县的父老豪杰，向他们宣布说："各位父老们，你们受秦朝苛法严刑的毒害已是很久了。诽谤朝政的要诛灭全族，相聚议论的要杀头，这是十分不可取的。我和诸侯同受怀王的约定：先攻入关中者称王于关中；我先入关中，当然是关中王。今天，我与父老们约法三章：杀人者处以死刑，伤人及盗窃财物的依法治罪。除此三条之外，秦朝的所有苛法一律废除。各县的所有官吏，一律照常履行公务，不必惊扰。这次到关中来，为的是替乡亲父老们除害，不是有所侵犯残害，都不必惊慌恐惧。我之所以还军霸上，为的是等待各路诸侯到达后，共同制定规约而已。"

作为沛公，刘邦宣布废除秦王朝苛法的约法三章，为关中父老除害，得到了百姓的拥护。同时，他宣布的"诸吏人皆安堵如故"使所有的官吏去掉了仇视心理和戒心。从此，沛公获得了百姓的拥护，这也成为他夺取天下的资本。另外，为了安定社会秩序，沛公令原秦朝的官吏照常任职，化阻力为动力。在如此乱世之中，只有刘邦才能做出如此高瞻远瞩的决策。

在宣读约法三章之后，沛公派人与原秦朝的官吏巡行各县，借此向关中百姓宣传安民告示。在得知此事后，关中人民皆大欢喜。他们纷纷奉献牛羊酒食以款待沛公的起义军。如此场面使沛公按捺不住心中的喜悦，但欣喜之余，他保持清醒做出了令人意想不到的高明决定。沛公对百姓的行为深表感谢，但他拒绝接纳，并向这些百姓做出解释："我们仓库中有很多存粮，大家不必破费了。"

沛公的这番讲话和决定，使得关中百姓更是喜上加喜，心悦诚服，都怀着无比爱戴的心情，唯恐沛公不在关中为王。在进入关中后的短短时间内，沛公出色地实践了得人心者得天下的这一真理。

沛公在霸上制定并奉行得民心的这一英明决策之时，还有一段小小的插曲，这便是当时有人向沛公献了一个不大高明的计策。献策人向沛公进言："关中地区的富足，十倍于天下，地理形势险要。如今闻说章邯已投降项羽，项羽立他为雍王，称王于关中。今日如果到来，沛公恐怕不得据有此地。可以急速派兵一面把守函谷关（在今河南灵宝东北），不让诸侯的军队开进关中，一面在关中逐步征兵，增强自己的实力，准备抵抗诸侯的军队。"

　　这个计策触及到沛公日夜所悬念的大事，感觉此人讲得很对，便采纳并付诸施行。谁知，不久项羽率大军赶到，几乎因此而带来一场大祸。

　　刘邦的"约法三章"是深谙民心之作，也是深得民心之举。暴秦不仁，乱世久矣，久乱思治，民心所向。刘邦的民心牌也是一张明智牌。它是张良"得民心者，得天下"理论的具体实践；尤其是刘邦与项羽相比，处于兵力弱势之时，更应当安抚民心（或曰笼络民心），以图休养生息，丰满羽翼。

　　与此相对应的是项羽坑杀20万降卒，顿时失尽民心。动机是斩草除根，效果却适得其反，天怒人怨。这是一桩历史上著名的暴行，后来的屠夫暴君几乎无人可与之颉颃。秦时中国人口不多，20万精壮兵丁是何等比例的骇人数字！项羽一生功过虽众说不一，但仅此一项，已足可显见其杀人魔王的本色。

　　在历史上，成就大业的人，多数都有着深入人心的民众基础。尤其是像刘邦这样，出身很低的成功者，因为身份的问题，想要登上成功者的宝座，就要依靠同是底层的劳动人民。虽然刘邦家庭较为贫困，但是他长期混迹在下层人民中，所以他有着与人民天然的贴近，也就更容易获得民心。

刘邦也很注重民心的向背，从约法三章开始，刘邦一直走的是仁厚路线，一直依靠民众，将民心作为争霸的一个筹码。"水可载舟，亦可覆舟"。仅此一项，项羽失尽人心，楚汉胜败之势几可定论！

中华民族传统思想就以仁爱为本，古代成功人士无不标榜仁义，从仁义之路走向成功。

三国时期的刘备，虽然属于皇族血统，但是已经沦落到编草鞋为生，同样沉沦于社会底层的刘备，也是靠着仁义之心，慢慢发展起来，最终能够三分天下，甚至登基即帝位。

三国中有一段故事，说的是一次刘备在与曹操的战斗中失败，自己的领地被曹军占领，被刘备仁义之心感动的百姓舍不得离开刘备的治理，于是一路跟随刘备的败军，导致刘备一直也不能放马逃跑。这时有人建议，舍弃百姓，帅残军逃命要紧，否则曹军追杀上来，刘备性命堪忧，但是刘备抱定仁义之心，对百姓不离不弃，幸好有张飞、赵云等大将不断抵抗，减缓了曹军的行军速度，并且关羽也飞马请来了荆州的援军，刘备才最终化险为夷。刘备正是凭借着自己的仁义，获得了民心，稳定了军心，让自己有底层的贩夫走卒作保证，走向了成功。

仁，就是仁爱，历代的统治者，常常标榜仁爱，即使是向夏桀、商纣那样的暴君，也试图以仁义的幌子来欺骗百姓。作为儒家学说核心的"仁义"，是中华传统伦理道德的精髓，是历代成功者都具备的成功素质。

孟子曰："鱼，我所欲也；熊掌，亦我所欲也；二者不可得兼，舍鱼而取熊掌矣。生亦我所欲也，义亦我所欲也；二者不可得兼，舍生而取义者也。"意思是说：生命是我所珍惜的，而仁义也是我所珍惜的，二者不可兼得的时候，我宁愿舍弃生命，也要保全自己的仁义。在孟子看来，仁义比生命还要珍贵。仁义之说，已经成为我们中华民族的思想标尺。所以我们的成功之路上，一定要保持仁义之心，走仁义的成功之路。

确立根基 目光长远

树木要想长得高大，就要扎下很深的根。我们想要获得成功，就要树立牢固的根基。而在确立根基之前，同样要用长远的目光进行审视，因为根基的确立决定着我们未来的发展，确定根基时目光短浅，将来的发展也一定会受到限制。

刘邦在还定三秦后，以栎阳为都。待他即皇帝位于汜水之阳，旋即车驾前往洛阳，以洛阳为国都，于汉高帝五年（公元前202年）五月，在洛阳下令官兵复员返乡，发布五月诏书，安定天下。同时在洛阳南宫设酒宴庆祝汉帝国的建立，席间发表高论，论张良、萧何、韩信是辅佐他夺取天下的三位"人杰"。

洛阳是周公在周朝建国之初所建立的"东都"，周平王东迁后即都于洛阳。汉高帝于洛阳发布五月诏书，设酒宴招待群臣，庆祝胜利，表明他想要把汉帝国定都于洛阳。这时，是一位身穿羊皮袄的戍卒娄敬，以其高见改变了汉高帝原来的设想。

娄敬是齐国人，汉高帝五年，他应征到陇西郡（今甘肃临洮县南）去戍守边境，途中经过洛阳，汉高帝此时正在洛阳南宫。娄敬下车后，身穿羊皮袄，面见虞将军（齐国人）说："臣想要面见圣上，谈点有利

第一章 刘邦对你说个人成功之路

于国家的事。"虞将军见他穿着羊皮袄，便要给他换身新衣服去面见圣上，娄敬谢绝说："臣现在若是身穿丝绸，那就穿着丝绸去拜见；若是身穿麻布短衣，那就穿着短衣去拜见，不敢临事改换衣服。"于是，虞将军入内向汉高帝汇报，汉高帝召见娄敬，以饭食赏赐娄敬。用餐过后，汉高帝问娄敬有什么事情相告，娄敬说："陛下以洛阳为都，是想要同周王室一比隆盛吗？"

"是的。"汉高帝答。

"陛下取天下与周王室有所不同，周的始祖后稷，被尧封于邰（今陕西武功县西南），积德累善，传有十余代。到公刘时为躲避夏桀，迁移到邠（今陕西彬县东北）地。到太王古公亶父时，又因为戎狄逼迫的缘故，离开豳地，赶着牲畜马匹，迁往岐山周原（今陕西岐山县北），部族的人都争相跟随他同行。等到太王的孙子姬昌做了殷王朝的西伯，因出色地解决了虞、芮两国的争端，才承受了上天之命，当时的贤人吕望、伯夷都从遥远的海滨前来归附他。待周武王兴兵讨伐殷纣王，到达孟津（黄河古渡口，在今河南孟津县东北）时，不待相约而前来同武王会师的有八百诸侯。诸侯们都说：'是讨伐殷王的时候了。'于是，一举灭掉了殷王朝。

"周成王时，周公等人辅佐天子，于是营建成周于洛阳，以为洛阳是天下的中心，各路诸侯从四方来洛阳向周王室纳贡述职，所走的路程大抵都均等，有德行的君主在这里是容易称王天下的；没有德行的君主在这里却很容易亡国。凡是定都于洛阳的，都是想令后世用德政招致远方的人民，而不是想凭借险阻、令后世骄奢淫逸来暴虐百姓。当周朝兴盛的时候天下和平，四方外族都向往周天子，仰慕他的道义，怀念他的恩德，都心悦诚服地归附并侍奉周天子，而不用在边境上驻守一兵一卒，四面八方的大国无不顺服，向周天子纳贡述职。待到周天子衰弱之后，京畿分裂成西周君和东周君两个小国，天下再也没有谁来朝见他们，再也不能驾御四方诸侯了。这并非是周王室缺少德行，而是形势衰弱的必然结果。

"今陛下起兵于沛县丰邑，收集士卒3000人，率领他们一直向西方进军，席卷蜀郡、汉中，平定三秦，与项羽交战于荥阳，争夺成皋的险要隘口，经过70次大的战役、40次小的战役，使天下人民肝脑涂地，父子暴骨于中原，因战乱而死者不可胜数，至今仍哭泣之声未绝，伤残者尚不能起身行走，而要同西周的成王、康王的盛世一比兴隆，臣私下以为是不相称的。

"况且关中秦地靠着华山，面临黄河，四方都有险要可以固守，以为天然屏障。如果突然发生紧急情况，上百万的军队可立即动员起来。就着秦国原有的基础，凭借着富饶肥美的土地，这就是人们所说的天府之国啊。陛下入关中定都，纵使山东发生变乱，秦国的故地可以保全。譬如与人搏斗，不卡住他的咽喉，只是捶他的脊背，是不能完全取胜的。今陛下如果入函谷关定都于关中，据有秦国的故地，这也是如同卡住天下的咽喉而又捶打它的脊背呢。"

汉高帝面对这位身穿羊皮袄的戍卒，见他侃侃而谈，句句在理，不由得肃然起敬。娄敬的一席话，又把汉高帝引回到他曾向往的关中圣地，然而，定都毕竟是国之大事，他本人又一度想都于洛阳，因此便就定都一事征求群臣的意见。汉高帝手下的群臣都是出身于山东六国的人，当然愿以洛阳为都，离家乡近便些。因此，他们争相诉说周天子以洛阳为都，享国数百年；秦定都关中，却二世即亡，不如以洛阳为都会有利于国家。

汉高帝听了群臣的意见，一时又拿不定主意，便在朝廷上交付群臣进行讨论。这些出身于山东六国的大臣们都说："洛阳东有成皋（今河南荥阳县境），西有山（今河南洛宁县西北）、黾池之水（黾池水发源于河南熊耳山，东南流，汇入洛河），背靠黄河，面向伊河、洛河，其坚固也足以凭借。"

留侯张良反驳说："洛阳虽有这些险阻，但中心地区狭小，不过方圆数百里，土地瘠薄，四面受敌，并非是用武力可以固守的都城。而关中左有崤山和函谷关（今河南灵宝西南），右有陇山（今陕西陇县西北）和蜀郡的岷山（今四川省北部），沃野千里，南面有富饶的巴、蜀二郡，北面胡地有畜牧养马的便利，依靠西、南、北三面的险阻以为固守，只用东方一面来控制诸侯。天下太平的时候，通过黄河、渭河转运来的粮食，西上供给京都；如果诸侯反叛，可沿黄河顺流而下，河道足以转运军队和粮食，这正是所说的'金城千里，天府之国'啊！娄敬的说法是对的。"

汉高帝听了娄敬的劝说，已倾向于定都关中；张良驳斥群臣的一番论证，强调是地理形势与国家的安危，是对娄敬见解的升华，这就容不得汉高帝再有半点犹豫了。

以从谏如流而著称的汉高帝，在听完张良的意见后，当日便下令起驾动身，西行定都关中。

西汉王朝定都于关中的这件大事，便以娄敬和张良的建议被汉高帝采纳而成为事实。对于西汉王朝来说，定都于关中无疑是一个正确的抉择。

定都一事既已确定，汉高帝说："最初建议定都于秦地的是娄敬，'娄'就是'刘'嘛"，于是赐娄敬改姓为刘，任命他为郎中，号为奉春君。春季是一年的开始，娄敬首先建议定都关中，所以称他为奉春君。

定都问题是确定一个国家根基的根本问题，可以说是一国之根本，事关一个国家将来的发展。国都的确定就是考验一国之君的远见卓识和胆识气魄。

定都洛阳是那些大臣们都很希望的事，因为身为山东之人，不希望远离故土，背井离乡。但是他们的目光不够长远。娄敬的上谏不能说其怀着靠游说刘邦而一举成名的心理，但是我们更应该看到他的意见中更多的是远见卓识，而刘邦领悟了这种远见，果断的定都，反映出刘邦在确立根基上的长远目光。

我们在自己的成功之路上，一定要有长远的目光，正所谓不想当将军的士兵不是好士兵。但是如果在基础确定时出现偏差，选择做了厨师，却一直想着将军的梦想，不难想象，这一生会是多么煎熬，所以，在确定我们的基础之时，也要有长远的目光。

国都的选址是国家的根本，而对于个人的发展，如何确立发展的根基，就要学会将目光放长远一点。一个人的发展可能要确定很多基础性的问题，比如将来要从事的行业，将来发展的最终目标，以及发展的地理位置，这些都需要用长远的眼光来审视。从事一个行业可能目前并不是很理想，但是将来的发展潜力可能会很大。去什么地方发展也是同样的道理，一个地方，暂时落后，但是目光长远的人会看到它将来的发展前景。一个团队，一个企业，也是同样的道理，在确定自己的根基时，要用长远的眼光审视未来的发展，只有这样，才能在将来的竞争中获得生存和发展，并最终获得成功。

第二章

刘邦对你说 竞争谋略

　　刘邦起于草莽，以布衣之身提三尺剑而取得天下建立大汉基业，这是为何？这是因为他具有百折不挠、越挫越勇的精神。汉皇千古一英雄，休笑当年马上功。试问后来为帝者，谁人曾出范围中。楚强汉弱，可是战争的结局是楚败汉胜。在看过了历史沧桑后，我们要学习的就是刘邦的竞争谋略。

大张旗鼓　制造声势

我们在竞争中，实力不够雄厚的时候，要造势，以造势来提高自己的知名度；实力雄厚的时候，同样需要造势，借造势来加强宣传，巩固自己的实力。造势和不造势，效果大不一样。

在反秦斗争中，天下群雄纷争，为了自己的利益互相厮杀。刘邦以关中为根据地向周边地区进行"蚕食"，效果十分明显。除了陈余的赵国残部外，中原各诸侯纷纷归顺，在战略上已居于更加有利的位置。项羽击败田荣后，齐国陷入了无政府状态，项羽的主力军则陷于齐国的游击战中。项羽虽然勇猛善战，但是面对此起彼伏的游击队伍，他也感到很伤脑筋。

黄河以南的楚国势力，虽然表面上仍在项羽的管辖下，但是楚国各诸侯对项羽的忠诚度并不高，尤其是原本支持义帝的楚国西半部的部落长老。他们与项羽之间存在着隔阂。

针对这样的形势，张良建议刘邦，应该迅速联合楚国的反项势力，一致对付项羽。于是刘邦下令进入中原和楚国交界的政治中心洛阳，向楚地的一些部落进行攻心战。刘邦下令军队所到之处不可扰民，严格遵守军纪，因此很快获得了老百姓的拥护和地方长老的支持。

随后，张良又顺势安排了一场强化刘邦个人形象的"政治秀"。

公元前205年，也即项羽封王后的第二年年初，他封的诸侯王中，已经陆续逝去8位。

这时，还有一个很大的问题，就是义帝的去留问题。当初，项梁立义帝完全是出于政治上的需要，同时，多少也带有一些感激楚王室对项家的知遇之恩的感情色彩。这时，项羽认为自己的羽翼丰满，已不需要义帝这一政治招牌；况且，项羽并未直接感受到楚王室的什么恩泽，他对楚王后代的感情，与其叔项梁有很大程度的不同。尤其在实践"先入关中者王之"的约言问题上，义帝丝毫没有偏心于项羽的意思，他更加反感，这时就急不可待地想把他赶走。项羽一再派人催促义帝君臣迁往江南郴县，义帝和他身边的一些臣子却留恋彭城，迟迟不肯迁走。项羽对此十分烦躁，就又派人强令义帝君臣就郴。在这种情况下，义帝和他的臣子们只好上路了。在出发时，虽然有些不愿意，但还是按楚王室应有的出行规格，很隆重，很气派。他们万万没有想到，项羽已分别给九江王英布、衡山王吴芮、临江王共敖送去密信，命他们在途中杀死义帝君臣。英布命人乔装改扮后，乘快船顺江而上，追击义帝君臣，把他们杀死在江中。

项羽杀死义帝，却不知留下了祸端。刘邦早就想集结诸侯，笼络人心。他也想到，做事情总是要名正言顺，要有个说法给个交代，要找个托辞做个解释，仿佛有了理，一切便都顺理成章了一样。有时人们迷恋理由甚至到了掩耳盗铃的程度。所谓借口，其实是"无理找理"，所以找借口时便要绷起脸来，一副"理直才气壮"的样子，方能得逞。而时机未到便慌慌张张地辩解，只会引起人们的怀疑和警惕。刘邦也不例外。

项羽一边要忙着对付各诸侯间的叛乱，一边还要忙着对付刘邦。忙中添乱的是，楚国内部政局又发生了动荡，在项羽看来，原楚怀王——

义帝便是这些动荡的最根本原因。若想攘外，必先安内，因此扫除义帝的残余势力，便迫在眉睫了。

首先，项羽将心腹安插到义帝身边，不断离间义帝和群臣的关系，让那些追随义帝的人，开始惶惶不安，不敢再和项羽争权夺利。见不甘心受自己控制的义帝在一些反面势力的支持下，仍在蠢蠢欲动，项羽索性令临江王共敖、衡山王吴芮、九江王英布联合袭击义帝，将义帝暗杀于长江中。

义帝被杀，对刘邦来说是一个难得的机会。他可以利用这个机会，做出一篇绝好的文章。于是张良让洛阳的三老董公挡在刘邦行进的车队前，向刘邦进言说："顺应道德者昌，逆应道德者亡，而且师出无名，是很难成功的，所以一定要指出敌人的滔天罪行，才能有力地征服敌人。如今项羽无道，杀其主义帝，此天下人之大贼也，应公开指责其滔天罪行。所谓仁者不靠勇力，义者不靠暴力，大王应该立刻率领三军之众为义帝挂孝，并向诸侯宣告讨伐项羽。如此，四海之内无不仰慕大王之德行，这便是商汤、周文、武王的义举啊！"

义帝一向是支持刘邦的。刘邦对义帝也心存感激。看到有人提起义帝，他就立即宣布为义帝发丧。他脱掉官服，露出白色内衣表示哀悼，并且举行祭奠，嚎陶大哭了三日。果然，刘邦此举激起了不少楚地部族同仇敌忾之心，他们对项羽的排斥心理更强了。

看到这些，刘邦又进一步因势利导，拿义帝的事情大作文章。他向全国各地发出檄文，公开表示要替义帝报仇："想当年，义帝被各诸侯国拥戴，大家对他俯首称臣，现在项羽竟然做出在江南杀害义帝这种大逆不道之事，令人气愤。所以，我在得到河南、河内、河东诸侯的支持下发动关中军民。他们将南下渡过长江和汉水，讨伐项羽。希望各诸侯能响应号召、共同出兵、歼灭这个不义之人。"

在这一篇檄文中，刘邦很好地对自己进行了角色定位，他将自己设定为陪同各路诸侯共同征伐的角色而非领导者，这样做更容易被各诸侯从心理上接受；而且摆出一副为天下主持公道的架势，容易获得民心；更重要的是，他以为义帝复仇为主题，向楚地军民表明了自己不是楚国的敌人，而是认同楚国的一分子，这就在一定程度上分化了项羽集团。这样一来，除了项羽本部和协助项羽杀害义帝的九江王英布、衡山王吴芮和临江王共敖外，楚国的各部落都有可能响应刘邦的号召而共同对抗项羽，甚至连这三个项羽的死党也有可能因为怕犯众怒，而不敢再过分和项羽走得太近。

此檄文一出，刘邦与项羽的斗争就变成了忠于义帝的楚国庶系联合天下诸侯共同对抗残杀义帝的楚国嫡系项羽之间的争斗，变成了一场正义与非正义之间的斗争。

在政治上发动强大攻势的同时，刘邦在军事上也进行了充分准备，他深知项羽的军事实力，更知道项羽的能征善战，要想和项羽展开决战，他必须整合北方的军事实力，全力对付项羽。

于是，他派遣使者去和赵国的陈余谈判。在田荣战死后，陈余心里也有些慌乱，生怕项羽马上调转矛头对付自己。他见张耳投奔刘邦后颇受礼遇，心中更为不安，也想投奔刘邦，但是，心里还是有不少顾虑。

刘邦的使者主动来联合他时，陈余便顺势提出要求："请汉王杀掉张耳以表示诚意，我立刻就归附。"

为了尽快拉拢陈余，刘邦找到一个长相类似张耳的死囚，斩其头送给陈余。陈余不再怀疑，便派兵加入刘邦的南征军团。

经过一段时间的努力，刘邦联合了许多诸侯和地方长老，集结诸侯

兵力共计有56万。不过，刘邦集结的军队虽然很多，但是真正属于他自己的直属部队却不到1/10，这给他的指挥调度带来了很大的不便。

为了把各路诸侯的军队凝聚起来，韩信提出率军直捣项羽的老巢——彭城。他认为，必须有个共同目标，否则军心一定会涣散。刘邦同意了韩信的意见，于是率军进攻彭城。刘邦与项羽的正面博弈正式展开。

做势与造势是博弈者在博弈正式展开之前常常要做的一项工作。刘邦要想与强大的对手项羽展开正面博弈，必须要在博弈正式展开之前壮大自己的声势，而壮大声势的有效方法就是做势和造势。刘邦打着为义帝报仇的旗号，联合各路诸侯，直扑项羽的老巢彭城，以正义之师的形象讨伐不义的项羽，这显然就是一种明显的做势和造势。虽然，声势并不代表其真正的实力，但往往能以这样的表象给对手以震慑力，也让天下人看到了正义一方的力量，从而对正义一方充满信心，给予积极的支持。这样的做势和造势显然对自己是非常有利的。

《孙子兵法·势篇第五》曰："故善战者，求之于势，不责于人，故能择人而任势。任势者，其战人也，如转木石。木石之性，安则静，危则动，方则止，圆则行。故善战人之势，如转木石于千仞之山者，势也。"

所谓时势造英雄者，英雄者，非必大异于常人者，而是善识时势，且善用势能而已。

刘邦本来就是造势的好手，这在前面也讲到了，刘邦从自己的出身到各种传言，不断地将自己炒作起来，而且在此之后，一直以仁厚的面貌出现在众人眼前。现在，在和项羽开始正面对决的时候，刘邦再一次将势造了起来，义帝在人们心目中存在着一定的义的形象，刘邦借其之名，就把自己放到了道义的一方，古语有云：名不正则言不顺，言不顺则事不行。借义字大旗，刘邦处于有道的一方，名正言顺，以有道伐无道，这在民心向背中，占尽了优势。

在刘邦正式与项羽展开正面博弈之前，虽然造势和做势并没有立即为他带来军事上的巨大成功，但是却为他树立了天下诸侯领袖的形象，为自己的博弈行动抹上了正义的色彩，把项羽置于了不义的境地。这对于民心和军心的向背有着巨大的导向作用，虽然，在以后的正面较量中，刘邦曾屡战屡败，但他在政治上、战略上始终处于主动地位，所以又能屡败屡战，最终通过垓下一役而赢得天下。

虚虚实实　兵不厌诈

《孙子兵法》中说道：兵者，诡道也。战争过程中，一定要虚虚实实，不能让敌人看出自己的真实意图。我们在竞争中，也要运用这种谋略，将自己的真实意图掩藏起来，让自己在竞争中始终处于主动的位置。

在楚汉相争的过程中，经过广武对峙之后，项羽并没有加害刘邦的亲属，之后刘邦巧用计谋，和项羽进行和谈，并且取得了成功。之后刘邦的父亲刘太公和妻子吕雉平安归来，刘邦立即下令让队伍西行。

张良很不理解此举，就说："大王不想统一天下吗？为什么要西行呢？"

刘邦说："现在双方已经修订和约了，界线也划定了，我还留在这里干什么？"

张良和陈平异口同声地说："议和无非是为了太公、吕后。现在他们回来了，正好和项羽再战，连最后一点顾虑都没有了。天意亡楚，现在项羽已兵疲粮尽，众叛亲离，不趁机灭楚，难道不是放虎归山，后患

无穷吗？"

刘邦听从了张良和陈平的建议，率军尾随项羽，准备偷袭楚军。

楚军缺乏粮秣，和谈的条约一签订，项羽就立即下令大军火速返回彭城，以补充粮秣。

从荥阳出发，必须经过彭越军队的聚集地才能到达彭城。彭越以昌邑为根据地，虽然曾经被项羽追剿，但他的实力毫发未损，因为"敌进我退、敌退我打"的作战策略已经有效地截断项羽西征军的补给。如果不顾彭城安危，硬要闯进梁地，必然会遭遇很多麻烦。然而，这对于饱受饥饿之苦的楚军，定会造成心理恐慌。在楚军谋士向项羽表达了顾虑之后，项羽决定通过向南退入陈国，再绕回彭城。路虽远但安全。

此时，曾经的霸气在项羽身上已经一去不复返。饥饿致使曾经所向无敌的楚军不堪一击，彻底被打垮了。

在项羽指挥楚军退回陈城西北的固陵时，他得到了一份情报：刘邦撕毁和谈条约，正指挥大军越过鸿沟进行追击。

项羽在听完这个消息后，大怒，他命令军队在固陵全面部署以迎头痛击刘邦。

全面追击楚军的刘邦在听到对方停下来的消息后，也不敢贸然前进。于是，刘邦命令全军在阳夏城附近安营扎寨。阳夏位于固陵的北方，地形为平原，因为无险可守，所以此地很有可能就是双方会战的地方。

下令挥军追击楚军的同时，刘邦派特使分驰韩信及彭越处，要求两人出兵共击项羽。然而当他到达固陵战场时，却见不到韩信和彭越的军队。尽管韩信和彭越没有如约助战，刘邦觉得自己也不能逃避，并且这一战不论输赢，都会消耗楚军的战斗力，对汉军来说未尝不是一件好事。

　　饥饿的楚军终于可以先饱餐一顿了，因为有少量援粮从彭城送来。楚军吃饱后可以和汉军作战。原来，项羽一直梦寐以求的愿望就是能和刘邦决战。

　　楚军因为愤怒和兴奋，所以具有惊人的攻击力。作战于一线的汉军很快就被敌人打败，要不是周勃军队的全力抵抗，刘邦的主力军很难安全退入阳夏城内。如此形势下，刘邦只能建筑防御工事，守城不出。

　　虽然猛攻刘邦，但由于从彭城运来的粮食供不应求，所以项羽一时也奈何不了刘邦。如果楚军想东山再起，项羽只能命令军队紧急退回彭城。但恨意已经使项羽无法自拔，他割不下刘邦的首级誓不罢休，所以，项羽全然不顾士兵，只是命令进攻阳夏。

　　楚军攻势猛烈，幸有周勃军团沉着应战，这样，阳夏防线短期内才不致有太大危险。

　　刘邦开始着急，于是和张良商议："我已通知了韩信和彭越，可是他们显然不打算来帮助我，这怎么办？"

　　思忖片刻之后，张良对刘邦说："现在项羽的军队可谓是惊弓之鸟，但是由于大王您从未明确向他们表示如何平分疆土，所以他们迟迟不来。如果您能向他们表明平分天下，他们必会前来救援。韩信由于不确定自己的王位很稳定，心里尚且不安，所以请求汉王封他为齐王，然而这并非您的本意。如今彭越几乎控制了梁地，曾经魏豹为王、彭越为相的局面已经不存在了，因为魏豹已死，而您却没有正式任命想成为梁王的彭越，所以他同样不安。因此，要想获得这两国援救的最好办法就是分别将睢阳以北至谷城等梁国疆土和陈以东到海之地及韩国原有疆土赐予彭越和韩信。另外，作为楚人，韩信也很想衣锦还乡。如果大王按

如此去做并要求他们前来援助以攻击项王，我们必定会大获全胜。"

刘邦是个善于纳谏的人，于是便接受了张良的建议，立即派出使者通知韩信和彭越说："大家联合起来攻打楚军。打败楚军后，从陈以东到大海的地盘给齐王，睢阳以北到谷城的地盘归彭相国。"

韩信、彭越立即派人报告刘邦说："我们立即发兵攻打楚国。"

刘邦的高明之处，在于他能在关键时刻，抓住历史的机遇，并敢于不惜代价、不受任何旧观念的束缚，为达到目的而不择一切手段。虽然他自己并没有能力洞察历史的机遇，但是，当他的谋臣们向他揭示这种机遇并提出建议时，他总是能根据自己利益的需要，欣然接受并果断决策。

项羽在这一方面远不如刘邦，他总是在历史的机遇面前犹豫不决，最明显的事例就是鸿门宴上放走刘邦。当时，项羽仍有机会，韩信和彭越没有赶到固陵会战，说明韩信、彭越和刘邦之间并非牢不可破，不可离间。项羽应该充分利用这一时机，派能言善辩之士去拉拢韩信和彭越。由于刘邦封韩信，并不是出于自愿，韩信对此心中明白，这次韩信没有按刘邦的要求发兵到固陵参加会战，让刘邦吃了大败仗，这已属背叛行为，只要抓住这一点深入揭示刘邦与韩信之间已经发生和将要发生的矛盾冲突，再以重利相诱，就算不能让韩信站在项羽一方反对刘邦，也会产生使韩信暂时保持中立或不用全力进攻项羽的效果。

对于彭越，则可允许他封王封地。因为自韩信攻下齐国后，齐国的田横就一直依附彭越，彭越能够接纳田横，说明他在刘邦和项羽这两大势力之间并没有作出最后的抉择，而刘邦只给了他一个梁相国、建成侯的头衔，彭越对此并不满意。倘若项羽能抢在刘邦的使者到达之前，封彭越为梁王，并将睢阳以北到谷城的地盘划给彭越，就完全可以争取彭越站到自己这一方来反对刘邦。遗憾的是项羽看不到这样的机会，就算看到也不能迅速做出决断，而只能坐等刘邦和他的盟友们的军队会师来消灭自己。

从军事角度看，项羽此时仍有可为。他取得固陵大胜后，应该火速绕到刘邦的背后去攻打函谷关，或是长驱直入武关，迫使刘邦的军队回救。若回救不及，项羽就可攻入刘邦的关中心脏地区；若刘邦回救及时，则可在刘邦回救的过程中，与刘邦的军队决战。由于刘邦所率领的这支军队，刚刚吃过大败仗，士气必然低落，项羽的行动又对刘邦的后方构成直接威胁，刘邦必然要回防，只要把刘邦的军队调离他的防御工事，项羽就可向其发起攻击，并稳操胜券。

刘邦巧用计谋，与项羽和谈成功，接着就反攻倒算。项羽却没有防备，真是一介勇夫。刘邦着眼大局，封王结盟，项羽却缺少大局观念，单打独斗。由于政治智慧不够，项羽丢失了获胜的机会，刘邦却迎来了历史的机遇。

我们面对竞争，也要做到虚实相生，不能让竞争对手知道自己的真实意图。在竞争过程中，保持自己实力的神秘感，保证自己的真实意图不被自己的对手发觉是至关重要的，只有这样，才能在竞争中保持自己的主动性，先发制人，取得竞争的胜利。

战略对峙也是一种主动

竞争的最终目的，是要自己获得发展。然而，竞争的胜负不是一

蹴而就的。在一些时候，我们的竞争中会面对比自己强大的对手，要想很快在竞争中获得决定性的胜利，是不可能实现的。这时候，我们不能够选择退却，相反，要选择一种相持的态度，在不断的对峙中，消耗对手，保持一种主动的竞争态势，直到时机来临，结束竞争。

俗话说，罗马不是一天建成的。在刘邦与项羽的正面博弈中，双方展开了长达四年的对峙。有趣的是，项羽屡战屡胜，却渐渐陷于疲于奔命的境地；刘邦屡战屡败，却逐渐掌握了战争的主动权，并将项羽"拖瘦"、"拖垮"。这就是博弈的妙处。面对项羽这位战争天才，屡败屡战的刘邦，是怎样变被动为主动的呢？

我们知道，当年刘邦率领诸侯联军56万，挥师彭城，并迅速占领了彭城。项羽得报，立刻从齐国撤军，挥师反扑。项羽不愧是军事天才，在他的反扑之下，刘邦所率的诸侯联军很快战败。

从大赢到大输，刘邦对自己与项羽对抗的能力有了更清醒的认识。他认为，硬碰硬，自己绝对不是项羽的对手，必须要想办法转输为赢。

虽然刘邦在彭城遭遇了溃败，一些诸侯纷纷反叛自己，但韩信在睢水南岸的阵营相当稳定。不久，不少流散的军队纷纷汇集到韩信那里，很快他又迅速集结了一支数量可观的军队。这样一来，诸侯虽然反叛了不少，但刘邦的直属军队和关中军的主力还比较完整。

一天，刘邦秘密召见将领们，问道："如果我愿意放弃函谷关以东的统治权，让给肯和我合作共同对抗项羽的人，那么，你们认为谁可以充当这个角色呢？"

张良说："当今天下，可以有效地协助我们对抗项王的只有三个人。第一个人是九江王英布。他是楚军中除项羽以外最厉害的猛将。在灭秦战争中，他曾多次出任先锋大将，出生入死，战功卓著。但是，他仅被封为九江王，心里非常不满，和项羽之间是貌合神离。第二个人是彭越。他出身低微，和项羽一向格格不入。在分封时，他和田荣一样遭到刻意贬低，对项羽非常不满。他曾协助过齐国反项王，而且目前他已经掌控了梁国的大部分势力。只要大王赶快派人与他们结盟，就足以让项王伤脑筋了。至于第三个人，就是大王手下的韩信。韩信可以独当一面。大王应该让他独立率领一支军队，和汉军互为犄角。大王若想和他人分享天下，联合了这三个人，便足以击破项王了。"

刘邦听了，觉得张良分析得有道理，便决定按照此计行事。在这三个人中，韩信是刘邦的部下，怎么安排与授权，较容易解决；彭越和刘邦意气相投，只要条件合适，也不难争取；但是，要争取英布却比较困难。英布虽和项羽相处不愉快，但他是楚军的首席大将，每次作战时几乎都是项羽的首席副手，要游说他得有相当大的胆量和技巧。郦食其喜欢过分夸张，去游说直朴而个性强悍的英布显然不合适。于是，刘邦开始物色人才去执行游说任务。

彭城败讯传出时，萧何从关中守军分出一部分军队去进占了米仓荥阳，以避免楚军和其他诸侯军控制中原地区的最大粮仓。此外，萧何还组织起了一支老幼大军，加强关中地区的守备。以及关中和荥阳间的联系和补给线的控制。

由于荥阳防卫阵地非常坚固，刘邦便率军移驻荥阳。刘邦说："只要萧何还在，我就有拼战下去的保证！"

稍微安定下来后，刘邦就全力以赴地考虑如何去拉拢英布。此时，一个叫随何的人自告奋勇去游说英布。刘邦答应了。

派出随何一行人以后，刘邦将大军火速集聚在荥阳。一时间，在

荥阳的汉军声势再度大振：不仅有韩信率领的主力军，刘邦率领的直属军，还有来自关中的补充军队。

此时，项羽也率军直逼荥阳。但是，因为刘邦逃入荥阳后又迅速集结了大量军队，关中的援军也到达了，荥阳的防御工事非常坚固，项羽要想很快打垮刘邦绝非易事。气愤之余，项羽便派军队经常前来骚扰。刘邦也毫不示弱，在荥阳以南的京、索间摆好阵势，公开向项羽叫阵。一时间，双方互有胜负，一直呈胶着状态。

楚、汉双方形成了对峙的局面。

项羽经常派骑兵攻打汉营，这让刘邦很被动。为了改变被动的局面，刘邦也开始紧急筹组骑兵部队。

在挑选将领时，大家公推原秦朝关中骑兵名将李必和骆甲为骑兵统帅，但他们说："臣等是秦朝故吏，恐军中将领无法完全信任我们，反而会影响骑兵的作战能力。还是由汉军大将中善骑者为统帅，我俩负责实际的训练和领军即可。"

于是，刘邦就任命灌婴为中大夫令，统帅骑兵，李必、骆甲为左右校尉，负责率领骑兵作战。

北方人擅长骑射，这样刘邦的骑兵很快在战斗力方面超过了项羽的骑兵，项羽的骑兵虽然骁勇，仍不免被击败，很难侵入荥阳以西。

接着，汉军在荥阳建立了坚固的基地，修筑甬道将敖仓和荥阳接连起来，派军坚守，准备和楚军进行持久战。如此一来，项羽就不得不与刘邦在荥阳展开对峙，这样的局面从战略上讲，对他肯定是不利的。

对于任何人来说，要想干成一番大事，要想战胜强大的对手，就必须要有吃苦的心理准备，就必须要有打持久战的心理准备。因为他们所面临的一切都是具有挑战性的，是繁杂的，是不可能一蹴而就的。只有

刘邦群雕像

具有吃苦的心理准备，有打持久战的心理准备，不折不挠地奋斗，才有可能在博弈中获得最终的胜利。

在现实中，一个人要想成就一番大事业，必须要有打持久战的心理准备，用时间去换空间。刘邦与项羽正式展开正面博弈之前，虽然在做势和造势方面做得很出色，但造起来的势并不代表他的真正实力，所以要想在短期内击败项羽这样的军事天才，显然是不可能的。因此，刘邦虽然迅速攻入了彭城，但很快就招致溃败。当然，这次溃败，使他清醒地认识到了自己与项羽在实力上的差距，于是改变了与项羽硬碰硬的策略，继而在荥阳凭借有利的地形和充裕的储粮与项羽展开了对峙。通过对峙，一方面可以拖住项羽的主力，为韩信经营燕赵齐地提供机会；另一方面，也可以以逸待劳，消耗对方的力量，从而在战略上确保自己的主动地位。

这也体现在我们现代人的生活中，在各种竞争下，也许我们的实力一时不足以与对手做出决定性的对决。但是我们不能够轻易放弃，换一种思路，一直不断地让对手受到侵扰，不能给对手喘息的机会。

然而，项羽不懂这个道理，几次都错过了消灭刘邦的机会，但是刘邦深谙此道。于是刘邦屡败屡战，一直没有放弃对项羽的挑战和消耗，于是在不断战斗、不断对峙中，刘邦在不断壮大，而项羽在不断被消耗。最终，刘邦消灭了项羽，开创了大汉王朝。

博弈之道　斗智不斗力

斗智不斗力就是要我们在竞争中，放弃匹夫之勇，多运用智慧。人生如棋局，在对弈的过程中，要动用自己的智慧而不是勇力。在竞争过程中，如果一味好勇斗狠，只会让自己钻入别人的圈套，最终在竞争中受到损失。

在荥阳对峙中，刘邦多次经历失败，但是每次失败后，他都能很快走出失败的阴影，重振旗鼓，坚定信心，继续与项羽展开博弈。这种屡败屡战的坚韧精神和顽强斗志，使他在博弈中积累了越来越多的经验和智慧，逐渐掌握了博弈中的战略主动权，导致项羽最终被打败。

为了确保后方粮秣安全，项羽率军东征彭越时，将成皋前线的军事指挥权交给了曹咎，并嘱咐曹咎谨守成皋，不可与刘邦作战，等他回来后再行出击。但是，项羽走后，刘邦用计诱出曹咎交战，并打败了他，占领了成皋。

随后，刘邦乘胜攻击荥阳的楚军。听到成皋失守，猛将钟离昧机智地将军队部署于荥阳东线迎击刘邦，以免使荥阳成为孤城。刘邦率领大军很快包围了钟离昧，但钟离昧依托坚固的防卫工事坚守不战。一时间，刘邦对他也束手无策。

就在这个关键时刻，项羽率军赶回了荥阳战场。刘邦立即下令汉军退守广武险阻之地，项羽也立刻追到了广武，双方又在广武形成了对峙局面。

广武位于黄河南岸，地处荥阳和成皋之间。屯兵在广武，很容易获得敖仓的粮食，而且广武地势险峻，拥有相当坚固的防御工事。

长期对峙的局面对项羽越来越不利。因为汉军拥有大量的粮食供应，而楚军的补给线长，运送困难，彭越又经常打劫，楚军的粮秣供应日渐艰难。

以前，项羽从来不必为军粮苦恼，因为有范增具体负责想办法，现在，面对缺粮之苦，他不得不亲力亲为，但总是找不到彻底解决的办法。

与刘邦决战是项羽梦寐以求的愿望，所以他要求部下由彭城把刘邦的家属带来。

刘邦在彭城被打败之后逃亡，然而，项羽却借机俘虏了刘邦的父亲太公和妻室孩子。

项羽打算做个大刀俎，于是令人在楚营前面把刘邦的父亲太公赤裸地绑在上面。刘邦听到项羽准备烹杀他父亲的消息后，马上到城墙观望。

项羽令人告诉刘邦："刘邦听着，项王命令你马上下来决一死战，否则就烹杀你的父亲。"

听到如此话语，刘邦心里既着急又难过。然而，他明白这是项羽的"阴谋"，如果不小心处理，定会给全军带来不幸。但是，这事事关刘邦的骨肉亲情，所以无人敢建言献策，只能听凭刘邦的决定。

思索片刻，刘邦横下心来，对项羽大声说："当年楚怀王同时受命我与项王，你我二人约为兄弟。我的父亲当然就是你的父亲，所以，如果你想烹杀父亲，分羹时千万别忘记我。"

刘邦所言把项羽气坏了，所以项羽令人烹杀太公。然而，项伯却认为杀害敌人无辜的长辈与破坏项王的英雄形象有很大的关系，所以积极制止。项王也同意项伯的看法，只好不杀。项伯之所以会出面阻止项羽，当然有部分原因是报答刘邦知遇之恩，然而也是为项羽着想。因为在楚人看来，杀敌为英雄，但谋害无辜之人为懦夫。所以，这样的顾虑使项羽只好作罢。

刘邦以一副极其无赖的嘴脸说出那句"若烹我父，请分我一杯羹"后，项羽不得不中止了自己的这个残忍行为，将刘太公又押回了楚寨，派人严加看管起来。

刘邦、项羽在广武、成皋一线僵持，形势对项羽越来越不利，由于彭越不断地骚扰他的后方，并且韩信在攻下赵国后，又连续取得迫使燕国投降、攻下齐国的军事胜利。项羽曾派大将龙且率领20万楚军救齐，希望龙且能遏制住韩信军事势力的扩展，保住齐国这个唯一的盟国，但是龙且最后却被韩信打败。项羽不但没有能够保住齐国，而且损失了20万军队和龙且这员战将，元气大伤。更重要的是，韩信攻下齐国后，楚汉相争的战略形势从根本上发生了变化，项羽完全处于刘邦势力的战略包围之中，他已失掉了他所有的盟友，四面受敌，只能孤军奋战。如果这种形势继续维持下去，不用通过军事较量，项羽就会因时间的推移而难以为继，项羽对这种形势还是有清醒的认识的。

因此，项羽更加急于要和刘邦展开决战。但是聪明而又老练的刘邦却不轻易和项羽作孤注一掷的决战，他始终有一个宗旨：那就是坚守不战，和项羽拖下去。他乐意和项羽打一场持久战、消耗战。因为他知道，军事上他绝不是项羽的对手。假如双方会战，自己肯定会输，但是在政治上、谋略上，项羽却不是自己的对手，所以他就是要扬己之长，避己之短，和项羽在广武、成皋一直拖下去，直到把项羽拖垮。

面对刘邦这种避而不战的态度，项羽无计可施，但他又迫切地想要和刘邦决战，情急之下，他利用刘邦的父亲和老婆，要挟刘邦投降。天真幼稚的项羽，又向刘邦提出单独打斗的要求。项羽对刘邦说："我希望和你单独决战，来确定谁胜谁负，不要再让天下的百姓跟着我们受苦了。"

项羽说的是事实，当时的形势确实是这样。刘邦、项羽争霸，使得绝大部分百姓卷进了这场战争，人们苦于战斗，无辜地拼杀，无谓地流血、牺牲，老弱也苦于服劳役，运送粮食和其他战争物资。城市遭到破坏，农村不能正常进行农业生产，经济凋敝，生灵涂炭，满目疮痍。

如果说真的单打独斗，刘邦也不是项羽的对手。对此，刘邦当然很清楚，所以他绝不愿中项羽的"诡计"，只笑着请楚军使者回去传话："我宁可斗智，不愿斗力。"

项羽无奈，只好命令部下的壮士到阵地前挑战。刘邦军中有一位善射的将领，他看到项羽的壮士出来挑战，就张弓搭箭射杀，一连射杀了项羽军中的三批壮士。项羽不禁大怒，亲自披甲持刀，跨上战马，直到刘邦阵前挑战。刘邦这位善射的将领正准备射击，项羽双目一瞪，大声地斥责他，吓得他不敢正视项羽，手中的箭也不敢发出，急忙逃入营垒中。

虽说在粮食补给和战略防守上，刘邦的汉军占有绝对优势，但楚军是攻击的一方，气势上比汉军强得多。刘邦明白，这样继续让项羽斗勇逞强，汉军的士气就会随之降低，而士气对于军队来说，是很重要的。

既然项羽敢亲临第一线，刘邦也不能太示弱，于是他决定也以牙还牙，亲自到项羽阵前去"活动活动"。这一次，刘邦表现得比项羽更勇敢，也更潇洒，他居然连盔甲也不戴，只穿着便服就跑到城外的高地，和全副武装的项羽隔着广武涧对峙着。

刘邦认为楚军的弓箭绝对射不到他，因此他才这么大胆，竟然一个人来到了广武涧边和项羽对峙。

这样一来，不仅汉军对主帅的勇猛深感佩服，连楚军也对刘邦的胆量大为惊讶。听到汉营将士的欢呼声，刘邦胆子更大了。他慢慢地走到涧边，背着双手，向楚军大声喊话："项羽听着，像你这种残忍无道的人，哪有资格和我单打独斗？你有十大罪状，我要代表天下人来控诉你！"

项羽被刘邦激怒了。这时，刘邦喊道："你违背了当初楚怀王和我们的约定，贬我至汉中，这是你的第一条罪状——缺乏信用。你矫杀卿子冠军而自尊，这是你的第二条罪状——以下犯上。你在解除赵国邯郸之围后却不上报怀王，而是私自命令诸侯军攻入关中，这是第三条罪状——蔑视君王、欺侮诸侯。另外，你火烧秦国皇宫、挖掘始皇坟墓，霸占公家财产，这是你的第四条罪状——不仁不义。还有，你杀害了已经投降的子婴，这是第五条罪状——不顾礼法、违反天下公义。你在新安以欺骗手段坑杀了秦国20万子弟兵，这是你的第六条罪状——残暴无信。你自私自利的罪状体现在既然你已经拥有了最好的领地，为什么还要放逐各国故主？如此受人尊重的义帝，你却将其放逐，侵占大片领土，这是你违背公义罪状的体现。你派人暗杀义帝，不为天理所容；你从政却不公，失信于公众，不为天下人所容，罪孽深重。现在，我号召诸侯各国、率领义军讨伐你这个奸贼。就连受刑的英布都很厌恶你，声讨你，你有什么资格与我决战？……"

刘邦一口气列举了项羽十大罪状，他的骂声响彻整个山谷，他的叫骂振振有词，冠冕堂皇地为自己与项羽之间的战争，套上了正义的外衣，他压根也不承认这场战争只是他和项羽二人争夺天下的私斗战争。刘邦与项羽在广武阵前的对话，也是这对曾经共同反秦的兄弟，后又变成争夺天下的生死冤家的最后一次会晤。这次会晤，与三年多前在鸿门宴上的会晤不同，刘邦与项羽之间的实力和地位已经发生了根本的转变。

可见，博弈不仅是斗体力的活动，更是斗心力的活动。无论是博弈天下，还是博弈商海，决定其成败的往往是"心力"。尤其是在商海博弈中，产品日益同质化，市场有限，竞争激烈，要想获得成功，博弈者就更需要善于"斗心力"，不但要能够守正，更要有能力出奇制胜。

做任何事情都是需要智慧的。智慧其实际就是一种思维方式，一种处理问题和解决问题的方法。

在刘邦与项羽的对峙中，项羽提出与刘邦单独决斗，要用烹杀刘邦父亲的极端暴力威胁迫使刘邦与自己速战速决，这对刘邦显然是不公平的。但是，善于"斗心力"的刘邦巧妙地挫败了项羽的图谋，使项羽无计可施，无可奈何。从这件事情来看，刘邦虽然显得有些"脸厚"，但是，对于维护当时的大局来说，他也只能如此。否则落入项羽圈套的结果将是一场惨败。所幸的是，刘邦通过"斗心力"，挫败了项羽的企图。

在名利场上，很多人往往排斥武斗，而采用智斗。在争斗中，如果暂时弱小的一方跟暂时的强者争斗，不能硬碰硬，而应当选取明智的做法，换一种方式以出其不意，攻其不备。在强弱对比悬殊的情况下，

如果不分时间、场合而一意孤行，这必然会造成难以弥补的后果。在楚汉争斗中，项羽拥有万夫不当之勇，而刘邦是无赖出身，项羽自信一定会赢过刘邦，企图挑衅，但话音刚落，刘邦就以"吾宁斗智不斗力"回绝了他。刘邦认为，只有头脑简单、干粗活、档次低的赳赳武夫们才好勇斗狠。而真正的伟人用的是智慧，斗的是智力。所以，自古英雄都多智、爱斗智。斗智运用的恰到好处才是好事，否则，阴谋诡计只会降低人的人品。

危急时刻　金蝉脱壳

金蝉脱壳其实就是"三十六计走为上计"中所讲到的"走"的一种方式。在形势万分危急，进退两难的情况下，只好使用此计，脱出重围，以图东山再起。

当年刘邦固守荥阳期间不惜重金，全权委派陈平离间项羽和他手下几位重要将领的关系，大获成功。尤其是陈平运用离间计，将项羽的首席智囊亚父范增从项羽的身边离间出走，以致病死在旅途上，给项羽带来的损失更是无可估量。

范增去世后，项羽非常悲愤，便将一肚子闷气全部撒向刘邦。他不但拒绝进一步和谈，而且每天亲自率军突击敖仓到荥阳的甬道。汉将灌婴虽全力反扑，但远不是项羽的对手，汉军死伤惨重，运粮逐渐陷入了瘫痪状态。

荥阳若继续缺粮，唯一的结局将是不战自溃。于是，张良建议刘邦：放弃荥阳，退入关中，以图东山再起。

张良的建议，虽然残酷，但这已经是唯一的出路了。刘邦虽然很不情愿这样做，但面对现实也只好无奈地采纳了张良的建议。但如此众多的军团一起撤退，是件非常危险的工作，若项羽乘机追击，汉军可能会重演彭城大战时的溃散情形。

于是陈平建议刘邦先撤退，并且让项羽知道此事，便可减轻荥阳的压力，亦能借此机会重新部署大军，以调整兵力过分集中于荥阳而造成的粮食严重匮乏状况。

但如何让项羽知道刘邦已经撤军，又不致有被追击的危险？在刘邦的将领中，有一个长得很像刘邦的人，叫纪信。陈平便找到纪信，动员纪信牺牲自己做刘邦的替身，以拯救刘邦及荥阳守军。不知这个擅长"攻心术"的陈平是如何做动员工作的，总之，纪信很快心甘情愿地答应了陈平。

他亲自来到刘邦帐营，对刘邦说："事急矣！请让我假扮您欺诳楚军吧！大王可伺机脱离这里！"

当夜陈平故意组成2000名妇孺队，企图从东门逃出。项羽猜测刘邦会藏于其中，立刻下令由四面八方包围攻击。果然见到刘邦坐在汉王的座车上迎面而出，并且大声表示：

"荥阳粮食已尽，汉王向楚军投降。"

楚军闻听此言，顿时为之雀跃，全集结到东门外，争相观赏刘邦的出降仪式。由于纪信的长相极像刘邦，加上他又穿着汉王的衣服，因此楚国将领没有识破，便一下子将他团团围住，等待项羽前来接受投降。这样耽搁了很长一段时间，汉军有足够的时间由西门火速撤走。

为了安全，首先由真正的刘邦领数十骑火速撤向成皋，准备进入关

中休养生息。接着大部分荥阳守军分批向成皋撤退，并准备和英布的守军会合。

而荥阳城中仅留下韩王信、魏王豹、和刘邦同乡的大将周苛及枞公等人，由他们率领部分军团准备坚守。

项羽闻报也火速赶往前线，并在荥阳城外的临时阵地准备纳降刘邦。看到纪信穿着汉王服饰出现在眼前时，项羽知道受骗了，不禁大怒，立即下令在荥阳城外火烧了这个假刘邦——纪信。

由于不知刘邦行踪，楚军仍包围着荥阳。在城墙上的周苛判断楚军不会放弃荥阳，他担心楚军攻击时荥阳内部若有人反叛，将造成重大伤亡，因此向枞公提议："我等奉命守城，不论胜败如何都应尽全力而为之，但魏王豹却让我感到非常不安。他一向倾心项王，如今因战败不得不向我军投降。现在楚军紧紧将我们围住，万一他利用这种局势煽动城内一些人叛变，将会酿成大祸，因此应抢先下手，除掉这个祸患。"枞公觉得有理，便和韩王信商量，派人暗杀了魏王豹。

很快，项羽发现刘邦已逃出了城，大怒，立即下令全力攻打荥阳。周苛等虽拼死防守，但终因寡不敌众，荥阳沦陷，枞公战死，周苛及韩王信被俘。

项羽亲自对周苛说："周将军，如果你能弃暗投明，加入楚军阵营，我会拜你为上将军，享受三万户的食邑。"

面对项羽的劝降，周苛骂道："项王难道还看不出，你的力量已日渐薄弱了吗？总有一天，楚军会向汉军投降的。"

项羽大怒，立即杀掉了周苛。韩王信身为诸侯，项羽不敢轻易杀害，将他软禁起来。

从刘邦金蝉脱壳，弃守荥阳这一件事足可以看出，金蝉脱壳这一计，确实是逃的绝招。金蝉脱壳是一种摆脱敌人、转移兵力或撤退的分身之法。这里的"脱"，不是惊慌失措，消极逃跑，而是保存其原有形式，抽去内容，走而示之未走，以此稳住敌方，脱离险境。另外，"金蝉脱壳"也指在对敌作战时，以小股部队牵制当面之敌，暗中却抽走精锐部队去袭击别处敌人，出敌不意，以达奇胜。

难辨真伪是金蝉脱壳的最大特点，我们知道，在《西游记》中，西天取经路上，唐僧在越过一座高山时，一只斑斓猛虎突然跳出来。悟空和八戒都奋力追打，保护师傅，但那妖怪脱下虎皮盖在岩石上，将真身化成狂风把唐僧卷走了。悟空当头一棒，但只是虎皮。这金蝉脱壳计真是无所不用其极。

金蝉脱壳之计，在中国革命史上，也曾被用过。例如：中央革命根据地第三次反"围剿"，我军针对敌人以重兵向我根据地中心区大举进犯的态势，以一部分兵力作诱饵牵制来犯之敌，主力则千里绕道、回师兴国，来了个"金蝉脱壳"，连胜三战，使敌筋疲力竭、顾此失彼。最后此次"围剿"以敌人的退却而告终。

由此，我们完全可以看出金蝉脱壳的高明之处。就连神话故事《西游记》里的孙悟空之所以三次才打死"白骨精"，也是因为妖精会使这种本领。

当年的汉高祖刘邦正是使用了金蝉脱壳计，才可以逃脱追捕，否则，中国的历史将是另一番景象。当年，刘邦被项羽困在荥阳城，饥寒交加，外无援助，面临被破城的危险。然而，谋士陈平想出计策让刘邦及其文武官员逃之夭夭，那就是武将纪信假扮成刘邦，出城投降，当项羽发现时为时已晚。

刘邦之所以能够顺利地从荥阳城逃出去，主要是因为他综合运用了

两个计谋的缘故：一是纪信的金蝉脱壳之计，二是陈平的缓兵之计。

金蝉脱壳，进一步理解，实际上也是一种缓兵之计。缓兵之计是一种拖延战术，目的在于争取时间。战争中，时间因素对于交战双方来说本来是公平的，但由于各自所处的地位不同、情况不同，对时间的要求也各不相同。他们有的可能需要急，需要快，贵在神速；有的则可能需要慢，需要缓，贵在拖延。项羽利在急战，而刘邦则利在拖延。拖延的时间越久，刘邦就可以逃得越远，相对也就越安全。事情的结果也证实了这一点：正是由于汉军巧妙地拖住了楚军，自半夜一直拖到天明，才终于使刘邦成功地逃出了虎口。甚至可以这样说，如果没有陈平的缓兵之计，即使纪信甘心替死，恐怕也难保刘邦能安全地从荥阳脱身。由此可见，一项计划的成功实施，有时需要综合运用多个计谋，否则将很难产生预期效果。

竞争对决　先声夺人

先声夺人就是要运用心理攻势，张扬自己的声威，在气势上压倒对手，让对手在心理防线上受到打击，削弱其竞争力，达到竞争中的优势效果。

汉军和各诸侯部队于公元前202年12月全部到达垓下。韩信亲率30万齐军作为先锋部队，而寥侯孔熙、费侯陈贺分别在左右，随后，刘邦的主力部队也到达，周勃和柴将军紧紧追随刘邦。

战场上号角连天，各方军队旗帜招展，直奔垓下。在项羽的率领下，10万兵马作为主力军，准备出城痛击汉军。

在这次大战中，韩信亲自指挥汉军作战，而且这也是双方最后一次面对面的决战。

英勇的项羽亲率骑兵队在前面冲刺。而以智略见称的韩信则精心设计战场，使整场战争如演戏一般。对于这次战场的情况，楚军丝毫不知情。

战争展开不久，韩信下令撤军，因为将士过多的战死在楚军的兵器下是他最不想看到的。然而项羽却仍猛烈进攻，在一定程度上打击汉军士气。但孔熙和陈贺带领军队从侧面夹击，让楚军完全陷入被动中。虽然项羽很快击退左右两军，但韩信主力却又回头攻击楚军，在腹背受敌的情况下，项羽只得疲于奔命。战争持续半日之后，楚军饱受饥饿之苦，加上敌众我寡，造成死伤惨重，项羽只能退入垓下，闭城坚守。此时，刘邦乘胜追击，包围垓下。

一天的苦战使项羽筋疲力尽，到营帐后，没等脱下战衣便倒头就睡，虞美人则在身旁照顾他。等醒来，已是深夜。从远处传来的楚人歌声，将楚军都吸引到垓下城中，他们愿意听这熟悉的歌谣。在这种情况下，楚军纷纷想到自己可能会孤独地客死他乡，难以再跟家中的父母妻儿见上一面，这种怀乡情结使楚军悲从中来。

此时，项羽睡意全无，立刻起身道："难不成汉军已经占领了楚国？为什么这么多楚人在汉营中呢？"项羽的霸气和坚强意志随着满心的疑问和叹息声消失了。这就是被众人所知的"四面楚歌"！

在四面楚歌声中，不少楚军因为陷入深深的思乡之情中，疏于防患，因而被刘邦的士卒擒获。更有许多人，觉得大势已去，不如投入汉王阵营，早日结束这场无奈的战争，早日见到爹娘和妻儿，就主动投降

了刘邦。

这些，显然都是刘邦的"阴谋"。刘邦逼迫营中被俘楚军，让他们教汉营军队和诸侯部队练唱楚歌，利用大合唱的声势，加上由远处传来的几可乱真的音响效果，彻底打击垓下守军的士气。

这一招非常成功，连主帅项羽都已被这如泣如诉的楚地歌谣感染得思乡心起，渐渐丧失了争斗的意志。

项羽毕竟是个盖世英雄，末日将至，就是死也要死得像个英雄。于是，项羽起身穿上全副武装，下令在营帐内设酒宴，并让人将他的坐骑乌骓马也牵到帐营前，然后又郑重其事地将自己心爱的女人虞姬请了出来，让她饮下这最后一杯酒。

这是最后的酒宴。酒宴一结束，项羽嘱咐部属，他突围而出后将展开壮烈的生死决战，其后垓下的楚军便可向汉军投降，以免不必要的死伤。

他要求虞美人和所有重要将领不可轻言赴死，必须在楚国灭亡后尽力保护自己的族人。他相信刘邦和韩信都是楚人，应不致给楚人太大的难堪。

说罢，项羽起身，拿起彭棰，击起鼓来，边击边慷慨放歌：

力拔山兮气盖世，时不利兮骓不逝，

骓不逝兮可奈何，虞兮虞兮奈若何？

项羽放歌方毕，虞姬也起身相和。据《楚汉春秋》记载，虞姬的对歌如下：

汉兵已略地，四方楚歌声。

大王意气尽，妾何聊生贱。

《史记》和《资治通鉴》虽未明载虞美人下落，但依此歌词之意来看，虞姬其实已清楚表示自己将要殉身以明志。《项羽本纪》中记载：

"歌数阕，美人和之，项王泣数行下，左右皆泣，莫能仰视。"

于是这一场最后的酒宴，就在悲歌与泪水中落幕了。

随后，项羽立即上马，率领着由800人组成的骑兵敢死队，在夜色掩护下由小道突围而出，如烈火般突袭汉营守卫，全队向南奔驰而去。天将明时，汉军的巡逻队发现项羽已突围，立刻向刘邦报告，刘邦命灌婴率5000骑兵从后面追击。

由于黑夜看不清路，项羽不少骑兵在途中要么走失，要么跌落深谷，等到天亮时，跟上来的只有百余骑。由于军队经过的都是沼泽地带，如果对路况不明，必然会陷入绝境。于是，走到固陵时，项羽下令把剩下的骑兵重新编整。前面的斥候负责向农夫问路，然而这一问却将楚军引上了绝路，因为这个农夫对楚军没有太多的好感，或许是因为曾经吃过楚军的苦头，所以，他的所指必然对楚军不利，最终导致全军陷入沼泽。随后追来的汉军与楚军大战，然而楚军誓死保卫项羽使项羽得以突围，到达东城。

东城是决战的好场所，但是楚军骑兵人数大减，只剩下28骑。即将赶来的灌婴骑兵部队却至少有千余骑。敌强我弱、寡众悬殊，但项羽决定做最后一搏。他对这28骑说："自从我跟随叔父起义以来，八个年头已经过去，我亲自参加、指挥的战争有70多次，几乎我都能战败敌人，因而称霸天下势在必得。然而今天的这种情况是上天的旨意，它想亡

我，但它不能对我的作战能力产生质疑。现在我准备全力以赴，为你们杀开一条血路。我打算设定三个目标：溃围、斩将、刈旗，我想让各诸侯国来对我做客观的评估，让他们仔细忖度到底是天运不足，还是能力不够造成我最后的结局。"随即，项羽把28骑安排在四个方向，而汉军也在四面安排军队包围项羽和楚军。在遥指一汉军将领时，项羽对部下说："我要亲手斩杀那位将领，请各位见证。"

于是，他下令楚军由四面冲刺，等到前面的时候再作调整和集结。

但在项羽的呵斥下，军队首先冲向这名汉将。

在项羽冲杀下，汉军皆四处逃窜，顿时，项羽火速骑到该名汉将前面，举刀将之砍杀于马下。

此时，汉军的前军指挥杨喜，亲自前去向项羽挑战，项羽怒发冲冠、言辞锋利，由于坐骑遭到项羽惊吓，杨善无法坐稳，所以，他只能后退。

由于楚军在项羽的指挥下在三处会合，汉军由此无法判断项羽的具体位置，所以汉军只能分兵三处包围。

汉军分散的情形使项羽士气大增，所以，他返身再度冲杀，随即又斩杀了一位汉军将领，而汉军士卒已经死伤了数百人。在发现楚军只有两人被杀后，项羽乃对其他的楚骑说：

"你们想象一下我们这次的战果如何？"

在场的楚军，意气风发、信心百倍地说："正如同大王之前所说！"

项羽率残余部队往南前行，打算撤退到乌江，如果过河顺利，他就可回到故乡会稽。

在乌江浦设有楚国的亭长，这位亭长对项羽的武勇钦佩有加，所以，在确保项羽安全的情况下，亭长包括亭上所有的人员都尽其所能地为项羽服务。

"大王，请快上船吧！这是仅有的一条船，即使追兵想要渡河也必须要花费一番工夫，所以保证大王的安全没有问题！"

眼见有人甘愿为他牺牲，项羽心中实在不忍，所以只能低首摇头。

见项王犹豫不决，乌江亭长又说："江东虽然不是个大地方，但也有千里，民众也很多，他们可拥你为一方诸侯王，这样，我们肯定会东山再起！"

项羽想到自己曾率兵征战数载，结局却如此悲凉，如今他即使安全渡江，也会遭到汉军的追捕和通缉，这不仅对自己于事无补，反而还会把战火延伸到故乡，给乡民们带来灾难。

在无限感慨之时，项羽对乌江亭长说："我命该如此，何必继续反抗呢？即使暂时渡河保全性命也是无济于事。更何苦当年我率领众人渡过乌江，西向争霸天下，但如今却无一人生还。即使江东父老可怜我，再度给我做王的机会，但我又有什么颜面苟活于世呢？即使他们都不批评我，我项籍仍然感到惭愧。"

项羽这番话，足可以看出他太要面子，这就是他跟刘邦一个很大的差别。刘邦是那种能厚能黑的人，所以刘邦即使是屡败，也不气馁，他相信东山再起，结果刘邦由弱变强，靠厚黑智慧取得了天下。后人对项羽的这种做法也感慨良深，著名女词人李清照写道："生当作人杰，死亦为鬼雄。至今思项羽，不肯过江东。"

亭长听项羽这么一说，十分难过，看着项羽，泪流满面，无言以对。

楚军都感叹而泣。

沉思片刻后，项羽冷静地对亭长说：

"我知道您是位令人尊敬的长者。这匹少见的名驹跟随我已经五年

了，曾经的日行千里、所向无敌都是靠它，所以，我不忍杀它。现在就赠送给您，希望您好好对待它。"

说完，项羽下令剩余楚军全部下马，徒步继续和汉军对抗，他一个人竟在片刻之间砍杀汉军数百人。此时，楚国敢死队已所剩无几、伤亡殆尽，而项羽也身受重伤，筋疲力尽使他无法再战。在包围他的阵列中，项羽认出了汉军的骑兵司马吕马童，便大声喊道："你还认识我吗？我们曾经见过。"

于是，吕马童对旁边的王翳说："这个人就是项王！"

项羽大笑着说："听说汉王悬赏万金，要我脑袋。这个功劳就给你吧！"

此时，已经无人敢再靠近项羽，项羽狂笑后，便举剑自刎。

王翳领先前去，割下了项羽脑袋。

为了争夺项羽尸体，周围的将领也争先恐后地前来争抢，导致他们之间发生了严重冲突、甚至最后举刀相向，互砍致数十人死亡。最终，杨喜、吕马童、吕胜、杨武各得项羽身体的一部分，另外，加上王翳所割下的首级，项羽的尸体被"瓜分"完毕。

大获全胜后，刘邦封吕马童、王翳、杨喜、杨武、吕胜分别为中水侯、杜衍侯、赤泉侯、吴防侯、涅阳侯。这五个人都是因为得到项王尸体大块，所以得此奖赏，另外，凡是能"瓜分"到一点项羽尸体的人，哪怕很小很小，也得到了赏赐。

一代军事奇才、天下霸主竟落了个如此下场，可叹可悲。

一代霸王的尸身惨遭五分，也结束了长达四年的楚汉相争。

时为公元前202年，项羽死时仅31岁。

中国史上最杰出的战争奇才，就此饮恨以殁。

古时有一军事谋略叫先声夺人，也叫振其先声。这个谋略在自己虚弱而敌人强大时运用尤其最佳。所谓先声夺人就是自己在表面上故意大造声势以吓唬对方，实际上也可说成是攻心之计，夺敌之气的谋略，源于《阵纪·战机》"急守粮道，设犄角，坚整大阵，数出奇兵，振其先声，为左右逐掠"。意思是张扬声威，首先摧折敌人的士气。在战争条件下，军人经常处于一种特殊的心理环境中，强烈的刺激和影响，可使人产生怀疑、恐惧、动摇、犹豫的心理现象。根据人的这种心理特征，作战中采取多种方法显耀威力震撼敌人，威慑敌人。致敌心理防线崩溃，使敌产生恐慌、厌战、不知所措等心理状态，削弱敌战斗力，以致消极怠战；或不战自溃，或弃战而降。

"天与弗取，反受其咎"，得其势而不用，此为不智也。在激烈的竞争过程中，除了需要有足够的实力之外，还需要把握住机会，有的机会是自己创造的，有的是运气所致，但无论怎样，一旦发现自己正处在强势，那就要乘胜出击，彻底将胜局锁定。如果因一时妇人之仁而无所动，那就只能是看着别人摘取胜利的果实。

刘邦就是能抓住别人弱点，先声夺人，利用"楚歌"撩拨楚兵的心，而项羽则被此假象所迷惑，不知道实情，反以为自己大势已去。结果项羽就这样失败了，又因为项羽不够厚黑，所以无法东山再起。

第二章
刘邦对你说竞争谋略

第三章

刘邦对你说 用人之道

　　自古以来，得人才者得天下！一切的竞争，归根结底是人才的竞争。选人用人，关乎事业的成败。如何根据德才勤绩慧眼识人，如何量才而用，因材施用，如何用感情、待遇、制度、文化选用留人，都可以说是一种学问。刘邦在用人方面确实有他独到的地方，他能够最大限度地使用人才，知道把手下的人才放在最合适的位置，这就是刘邦的用人之道。

以礼待人　"借敌"制胜

　　中国自古就是礼仪之邦，讲究以礼待人，曾有"人无理则不立，事无礼则不成"的说法，在我们待人接物的过程中，无论是对待自己人还是陌生人，甚至是自己的竞争对手，都要以礼相待，用自己的利益倾倒对手，甚至可以让对手为自己所用。

　　项伯是项羽的亲人，对刘邦而言当然是敌人。但是在紧要关头，刘邦仍然能礼贤下士，对项伯以礼相待，使项伯对他解除戒心，从而得到了最重要的消息，保存自我力量，在战争中大获全胜，获得了生存的机会。

　　项伯是项燕的庶子，而项燕是楚国的名将。项燕在战争中阵亡后，项伯与项梁一样，在楚人的保护下四处躲避秦军的通缉和追捕，过着担惊受怕的日子。后来，项伯逃到了下邳，与因刺杀秦始皇失败同样逃到下邳的张良相遇。当项伯过着饥寒交加的生活时，张良给了他很大的帮助。后来，项伯希望能找到在会稽起兵的项梁，但苦于贫穷，迟迟未实现，所以张良给了项伯很多资助，帮项伯找到了项梁。项梁死后，项伯扶持项羽，并以项羽叔父的身份自居，所以，项伯在项家军中地位很高，令人敬重。

　　项伯对情义看得很重。当他随项羽大军进入关中后，得知自己的恩人张良就在刘邦身边时，很想去见见他，但由于驻扎在灞上的刘邦正和项羽对峙，项伯就没能实现这一愿望。

当时刘邦率先进入咸阳，他感到无比激动，忘记了自己曾经拥有和经历的一切，包括妻儿和苦难，只有咸阳宫才是他的梦想，是他长期以来奋斗的目标。浩浩荡荡进驻咸阳宫是刘邦梦寐以求的事情，也是"大丈夫"的体现。此时的他已经被胜利冲昏了头脑，得意忘形起来。

咸阳宫是秦孝公于公元前350年在渭水北所建，当时的咸阳宫已经有"东西十二里，南北十五里"的规模。咸阳宫曾经是秦朝皇帝办公的场所，其宏伟的气势无人知晓。另外，此时的渭水上已有了两座桥，其中一座为为便门桥，是皇家专用桥，把渭水北岸的咸阳宫和渭水南岸的宫殿群连接起来，与始皇即兴而建的兴乐宫，始皇为贺获胡姬而建的长乐宫，惠文王时修建的长安宫，为"垂衡天下，画地而不犯"的曲台宫，还有在公元前220年修建信宫等等。

刘邦曾到过咸阳，但当时是因徭役之事，对于宏伟的宫室只能望宫兴叹。然而现在，他以主人的身份出现在这儿，惬意之余，却又紧张。惬意是因为自己的梦想实现了，而紧张是因为曾经梦寐以求，甚至只有在梦中才能出现的东西已经成为事实。他看着眼前的一切，不禁慨然长叹：之前子房所吟的"如歧斯翼，如矢斯棘，如鸟斯革，如车斯飞"的诗句，难以形容眼下所见。

高大宏伟、富丽堂皇的宫殿，刘邦一一浏览，但此时的他只能将欣喜之情藏于心中，在其他人面前应是面无表情地踱过去。大臣和亲信们，无不为沛公的冷静感到惊讶——谁不会对这宏伟的景象感叹呢？

从中可见，刘邦是不露声色，智勇沉着的。一个乡里夹的、农民出身的小亭长，怎能不激动万分，他内心早已被咸阳宫的气势逼迫得招架不住了。但他的表面是木讷的、冷静的。

美中不足的是他犯了色忌。刘邦非常喜爱后宫里给皇帝享受专用的帷帐、狗马、重宝、妇女等，但是鉴于大家的有目共睹，所以暂时也不敢太放肆，只表示有意到秦皇宫殿去大大享受一番。

但是这种做法是相当危险的，因为进驻皇宫，就代表了有称帝的企图。这种野心很可能导致各集团和利益团体群起而攻之。当时，樊哙作为刘邦最得力的助手对他提出了忠告。"您是想统一天下，还是想做个大富翁呢？过分的物质享受是致使秦皇室灭亡的主要原因。而您怎么能跟秦朝的皇帝一样呢？"

对于樊哙的劝告，刘邦始终听不进去。在萧何看来，刘邦的个性是重感情、重颜面，要想劝阻他，最好是找一个亲疏适当、但刘邦又极为尊重的人来劝告，这样会让刘邦觉得不好意思。所以，萧何指派张良去办这件事。

张良也知道问题的严重性，便说道："正因为秦皇室过分追求物质享乐，苛政暴政，无暇顾及天下人民疾苦，所以您才有机会来到这里。因此，在天下还没有完全稳定之时，要清廉简朴、继续除贼，这样才能得到臣民的拥护和爱戴，稳定刚刚取得的政权。如果您现在就急于享乐，便会对自己大不利。樊哙的劝告正是为您好，正所谓"良药苦口利于病，忠言逆耳利于行"，所以还请沛公您三思啊。"张良一出马，就把刘邦这颗蠢蠢欲动的心给收回来了。刘邦也明白，这些亲密战友都是为了自己好，如果违背了他们的心意，必将导致自己孤军奋战，失去大家的支持。所以，他慨然将军队退出咸阳，还军灞上。

然而不到十二月，项羽的军队便到达了咸阳，进驻新丰鸿门，与驻扎在灞上的刘邦的军队相互对峙。此时项羽已看不惯刘邦，并且对刘邦已有所警惕。其实在西征的过程中，刘邦虽不能说是屡战屡败，但确实也没赢过几场仗，而项羽才是战争的真正赢家。当项羽的军队驻扎在鸿门时，形势对刘邦无利。在如此严峻的形势下，刘邦的左司马曹无伤对他失去了信心，于是便背叛刘邦，投奔项羽，向项羽报告说："刘邦想当关中王，他对投降的秦王子婴，不但没有治罪，反而还打算让他做相国，刘邦把皇宫里的财宝都拿走了，他是借着将军您的威力才进的关，理应听从将军的命令，但他不仅不如此，还与将军作对。"

听罢，项羽怒发冲冠，破口大骂："刘邦真是可恨，简直是目中无人，天下人恨透了秦国帝王，你却要重用他，还跟我作对，明早我就打过去，看你能逃到哪里。"随后，项羽下令，全军于当天夜里饱餐一顿，天一亮，就进攻刘邦军队。

此时，幕僚范增虽70多岁，但足智多谋，所以也主张项羽尽快铲除刘邦。他鼓动项羽说："刘邦在家乡的时候，大家都知道他是个贪财好色的无赖，可进关后，他却不贪图财物、美女，这从中也可以看出他的野心。如果不消灭他，日后一定是个祸害。我曾派人去观察过他，都说他有天子气象。所以你一定要抓住这个机会，铲除后患。"

这种局面完全是刘邦粗心大意造成的。如果刘邦存心称王、非皇帝不做，那么他就应当关注项羽军队的动向，但是在项羽准备进攻的时候，他却对项羽的动向概不知情。

项羽军中的项伯当然也知道这个消息：项羽明日便出击灞上，刘邦如被击溃，自己的知己张良的生命也便危在旦夕。项伯便趁着夜色冒着危险偷偷地前往刘邦的军营。

张良实在是太聪明了，见项伯这样，便知道一定是发生了什么紧急情况。禁不住张良的一再追问，项伯只好把项羽准备明日攻打刘邦的消息告诉了他，这令张良大为吃惊，项羽的动作如此之快快完全出乎张

良的意料之外。此时的刘邦如瓮中之鳖，作为一名忠义之士，张良当然不能见死不救，哪能离开主子私自逃亡，于是，张良说服项伯跟他一起去见刘邦。禀报之后，刘邦令张良先入营帐，让项伯在外面稍等。进帐之后，张良把项伯所说的消息汇报了一下，刘邦顿时目瞪口呆，急忙问道："这该怎么办啊？"

张良问："将军真的要抗拒项羽吗？"

刘邦皱着眉头说："那是解先生让我那样做的，他说把守着函谷关，不让诸侯进来，关中的天下就大定了。"

张良问他："将军自己认为能够抵抗得了项羽吗？"

刘邦沉默了一会儿："当然不能，可现在该怎么办呢？"

"不如请项伯来，与其商量一番，也许能够缓解这种矛盾。"张良说。

刘邦为了便于称呼项伯，忙问张良说："你与他的年龄谁大？"

张良答道："他长于臣。"

刘邦忙说："你快把他引进来，我以兄长之礼待他。"

张良出来请项伯，两人共同入内。

这时，刘邦已备好酒菜，以接待贵宾的规格接待项伯，不等项伯同意，刘邦便作出拜见长辈（刘邦和项羽曾结拜为兄弟，项羽的叔叔当然也是他的长辈了）之礼，举杯敬酒。项伯见刘邦如此礼待自己，十分感动。

说话间，忽然又得知项伯家有一个儿子，刘邦也不管女儿多大，就要求张良做媒撮合，与项伯结成儿女亲家，刘邦的坦诚打动了项伯。在酒桌上，刘邦没有将帅的豪气，有的只是一副乡间长者模样，所以，项伯在想：他睡在帐篷里就很满意了，怎么会有野心韬略！

刘邦见项伯对自己没了戒心，然后又向项伯诉说起了自己的"苦衷"："项将军对我的误解实在是太大了，我们过去的交情其实挺好的，我怎么会不仁不义地背叛他呢？入关以来，我什么东西都不敢据为己有，所有资料全部封好，就是为了等待项将军来接收啊！我之所以会派兵防守函谷关，是怕有其他军队入侵，让我无法向项将军交代。我这样日日夜夜盼着将军的到来，怎么可能会反叛他呢？请您替我向项将军说情，说我刘邦从未忘记过去他对我的恩情！"

项伯被刘邦的诚恳所打动，随即便答应替刘邦向项羽说情，劝阻他攻打刘邦。另外，项伯还许诺，今天晚上就去拜见项羽，亲自向他解释一些情况，以消除项羽对刘邦的误解。

项伯回营后，直接去找项羽。项羽本无睡意，所以见亲叔来找，笑脸相迎。听项伯的长篇大论之后，项羽当即拍着手便说："是呀，我本来就不觉得刘邦是靠不住的人！"接着，项伯又对项羽说："要不是刘邦先攻破关中，你怎能这么容易进来？如今别人有了功劳，你不但不奖赏他，反而还要去打他，这不是大丈夫所做之事。刘邦说明天会亲自来道歉，如果这样的话，我们应好好地招待他。"

经项伯如此一说，项羽便有些犹豫，所以，先应承下来。

次日清晨，英布、项庄、钟离昧、章邯等做好充分的作战准备，数万骑士，整装待发。这时却听到项羽"暂且停止攻打刘邦"的命令。

在遥遥相对的刘邦营地中，他早就站在望塔上，观察军情。当看到项羽的军队解散开来的情形，刘邦才松了一口气，感觉一块石头终于落地了。

为了摆脱窘境，刘邦采取智斗，先是了解项伯的年龄，"以兄之礼待之"，然后在酒桌上对项伯毕恭毕敬，献尽殷勤，直到最后，又不惜牺牲女儿的幸福，用女儿作政治筹码，换取项伯的承诺，临分别的时候，还不忘最根本的目的，那就是让项伯在项羽面前替他美言几句。在

政治手段的利用上，刘邦达到了娴熟的地步，这是项羽难以企及的。

刘邦对项伯，可谓是礼节皆备，对于项伯这样重兄弟义气的人，他能做到具体人具体分析，具体问题具体策略，从而抓住了项伯的心。这足以说明了刘邦的外交手腕。

然而，即使项伯对刘邦没有什么用处，就凭项伯与张良的交情，以刘邦的个性，他也必定会对项伯以礼相待，只求交个朋友，这也能拓展自己的人脉关系。更何况在这次战争中，项伯对刘邦至关重要，加上他的性格，因此，以礼相待项伯是意料之中的事情。刘邦从感情上以真诚俘虏了项伯，所以使项伯坚定了帮助刘邦的决心。

刘邦能够挫败项羽，很大程度上是因为利用了"借敌制敌"这一谋略。这一谋略可以使人借别人的嘴和手去做自己难以做到的事情，不需要劳于奔波，只要坐享其利就可。如果这一谋略运用娴熟的话，还可驱使敌人去利用另一个敌人或者借用敌人利用我们的机会反过来加以利用而达到目的。

"借敌"，是古今中外兵家都很重视的谋略。利用敌人来削弱敌人，战胜敌人，常能达到事半功倍的效果，是上兵之策。

据《资治通鉴》记载，三国末期，魏国大将诸葛诞因为反对司马昭专权，被司马昭的大军围困在寿春。当时孙权对诸葛诞是既同情又支持，曾先后派兵前往救援，除文钦和全怿进入寿春城外，朱异和司马缣均被司马昭击败，这时司马昭为了彻底消灭诸葛诞及东吴军队，运用了"以敌制敌"的策略，这使敌人内部乱作一团，然后趁机从外部进攻，从而大获全胜。

司马昭"以敌制敌"首先是制造谣言，当时他说东吴的救兵快到了，而自己缺乏粮食，很难持久作战，并公然令一些老弱官兵到淮北一

弱势赢家

刘邦有话对你说

带去筹粮。这一做法让诸葛诞放松了警惕，只顾及享乐。东吴的救兵还是没有到，之前的粮食已消耗殆尽，面临严重的缺粮问题。另外，作为诸葛诞的亲信，蒋班和焦彝在一些问题上与文钦意见不合，激怒了诸葛诞，所以想杀他们，蒋、焦二人于是背叛了诸葛诞，出城向司马昭投降。

这足以证明，在复杂的军事斗争中，善智斗的谋略家，只要善于制造矛盾，利用矛盾，就能收到"兵不钝而利可全"的效果。

肝胆相照　用人不疑

在中国，无论是公司还是政府单位，在招贤纳士时，只有相信这个人才会用他，而用他之后就不要产生怀疑了。这种做法在企业管理上就表现在企业高层领导应放手让下属大胆去做，而不要什么都面面俱到。如美国通用电气CEO韦尔奇的经营原则是："管理得少"就是"管理得好"。这种原则体现出了企业管理的最高理性境界，更是一种依托企业谋略、企业文化而建立的经营管理平台。

在中国，最为称道的上下级关系是肝胆相照，用现在的话来说就是用人不疑。历史上有作为的帝王将相都是深谙用人不疑之道的，他们用此道来稳定人心，从而得人心，进而得天下。

陈平是汉初名相，他是一个被司马迁赞为"常出奇计，救纷纠之难，振国家之患"的社稷重臣，他是经历一番曲折历程才得以加入刘氏阵营的。在秦末农民大起义的浪潮中，时局动荡，陈平先后投奔了魏

王、项羽和刘邦，用现在的行话说就是"屡次跳槽"。陈平是经魏无知先生介绍才得以认识刘邦，当天被封为都尉（一种比将军职位略低的统兵武官），并享受陪刘邦同乘一辆马车出入的待遇，还让陈平监护军队。刘邦如此信任和重用一个刚从敌方叛逃过来的人，自然引起"诸将尽喧（大声反对）"，但刘邦听了"愈益幸（陈）平。"

陈平刚上任，就带兵攻打项羽，不料大败而归。如果按照现在的规则，试用期不合格，应马上解聘他。但刘邦却不以为然，不但不怪罪陈平，反而晋升他为"亚将"。出于责任感和事业心，那些和刘邦出生入死的亲密战友如周勃、灌婴，都向刘邦打小报告。这个小报告的内容真是全面：首先针对陈平外貌作出评论，他个头高、人帅气，但没有作战能力，用"金玉其外，败絮其中"，"中看不中用"来形容他实为不过。接着，他们又搬出更厉害的三条来评价陈平为人：盗嫂——作风有问题；屡次易主——品节不忠，立场有问题；受金（接受贿赂）——经济有问题。这三件事，件件上纲上线，刘邦毕竟是凡人，此番说法必定会使他前思后量。

《史记》里记载他先是责备魏无知——"无知曰：'臣所言者，能（才能）也；陛下所问者，行（品行）也。今有尾生、孝己之行（古代传说中两个讲诚信、行孝道的典型人物）而无益于胜负之数，陛下何暇用之乎？楚、汉相距，臣进奇谋之士，顾其计诚足以利国家不（否）耳。且盗嫂受金又何足疑乎？'"

看来魏无知的人才观非常实际，根据具体实际，重能不重德，对人才只看是否实用，不问来路。而刘邦同样因为用人注重才干，着眼长远，所以能在可疑之处铁心不疑。也正是因为不疑，所以刘邦后来与陈平当面交换意见，给陈平以解释的机会。这场风波以"汉王乃谢（道谦）厚赐，拜（陈平）为护军中尉，尽护（监督）诸将。诸将乃不敢言"告终。

"士为知己者死"。因为刘邦用人不疑，公开自称善搞阴谋的陈平就能倾心竭力，"常出奇计"，为刘邦排忧解难：

——使用离间计，从内部搞得项羽君臣不和，自毁股肱；

——及时提醒汉王，派遣张良封韩信为齐王，避免内部一场可能的大乱；

——兵不血刃，降伏韩信，把他由楚王贬为淮阴侯；

——为刘邦解平城之围，免灭顶之灾；

——联合周勃，果断平定功臣和外戚之乱。

正是这些计谋和功勋，对开创和稳固汉王朝统治起到了极其重要的作用。而刘邦用人的艺术则流芳史册，足为后人师。

可见，用一个人自然要信任他，即使在用的时候知道目前他的能力可能还有些欠缺，也应该信任他并给他最大的鼓励和支持。正所谓，用人不疑，疑人不用。

现代企业管理中，领导用人也是同样的道理。作为领导，信任是你凝聚人心、增进上下关系的一大法宝。只有用人不疑，给予下属充分的信任，才能赢得他们忠贞不渝地为公司尽心效力。整个公司才会一片生机盎然，关系融洽，才能在同行业中抢占先机，脱颖而出。

作为领导，若好疑忌，不信任下属，那么就会挫伤下属的工作热情，给公司带来严重的后果。想必大家都有过这样的感受，当你的领导怀疑你的能力或人品时，你一定会火冒三丈，要找他理论一番，若不如所愿，就会士气大减，没有了工作积极性。因此，身为领导，一定要引以为戒，把"疑人不用，用人不疑"铭记在心，给自己的下属以充分的

尊重和信任。

那么，如何做到用人不疑，疑人不用呢？

首先，要明察秋毫，慎重选择人才。唯有独具慧眼，多加考察，充分了解下属各方面的素质能力，安排到适合的职位上去，才能成为你日后用人不疑的保障。

其次，用人要难得糊涂，不要过多干涉下属的工作，让其独当一面。

最后，就要设立监督机制与赏罚办法以此督促下属谨慎行事。如何才能使用人者与被用者之间相互信任，实实在在做成一番事业？最明智的办法就是设置专门的监管部门和机制，把这些问题交由他们处理。使其能够做到各司其职、各负其责地做好每一件事情。

当然，无论企业还是政府，如果其管理机制以信任为支撑，那么它必须有自身能够维持并长期坚持下去的土壤，这应该从两个方面来概括。首先，作为员工必须具有值得信任的基本素质，包括职业道德、职业素养、职业能力等。其次，管理者在对下属进行管理时，绝对不可能实行全面管理、面面俱到，这需要管理人员做出调整，如更多的是采用目标管理、幅度管理等。所以，管理者要处理好管理人员和员工之间的信任关系，这无疑是至关重要的。

大胆用人　破格任用

用人之道在于人尽其才，在一些时候，一些有才之士在才华展示出来之前，并不被别人看好，而这时给予重任，显然是不能服众的。这种情况下，用人者就要有魄力，敢担当，破格提拔优秀人才到重要的岗位，以实现他们的才华，为自己做出贡献。

韩信是刘邦的开国大将，韩信的经历非常神奇。他刚开始投靠刘邦的时候也没有得到重用，不仅没有得到重用，还差一点就掉了脑袋。

有一次，韩信和几个军官犯了军法，论律当斩，这些军官一个个被砍头，在韩信之前已连续砍了十几人。马上就要轮到韩信了，可想韩信此时心中一定充满懊丧，或许后悔投靠了刘邦，就在这毫发之间，偶然的事情发生了，这几秒的偶然改变了历史。

就在这时，刘邦的故友兼车夫夏侯婴出现了，韩信多少了解夏侯婴，知道这人有同情心，而且跟刘邦的交情很深，现在活命的希望全寄托在这人身上。韩信故意仰天长叹："汉王不是想争夺天下吗？为何要杀我这样的壮士？"

夏侯婴见这人气概非凡、相貌堂堂、器宇轩昂，心想可能真是一个难得的人才，便救下韩信，召他详谈。借着这个机会，韩信向夏侯婴大谈兵法，夏侯婴听此人说得头头是道，便替他向刘邦求情，并告诉刘邦韩信是个难得的人才。

刘邦对夸夸其谈的人向来没有好感，不过他倒是爽快地放了韩信，还给了他一个管理粮食的职位。

韩信当然不是后勤管理的料，但正因为这个小官职，他认识了萧何。萧何听了夏侯婴的介绍，对韩信很感兴趣，因此主动和韩信交流。萧何的眼光向来不错，他发现韩信的才能远远比夏侯婴说得还厉害，将来汉王争夺天下靠的就是韩信这样的人才。

萧何几次向刘邦推荐韩信，但刘邦并不当作一回事。所以，韩信还是迟迟没有得到施展抱负的机会。在奔赴汉中的途中，韩信就特别郁

闷，他原本以为换了一个老板，自己的待遇能改变，结果发现比在项羽那里还不如，甚至差点丢了性命。就这样，思前想后，韩信就逃跑了。

萧何了解韩信的才能，所以一直很留意他，听到韩信逃跑的消息，萧何的反应估计和刘邦听到自己逃跑的消息一样。所以，他来不及禀报刘邦就火速追韩信去了，萧何不仅是刘邦集团的总经理，也是一个伯乐。萧何花了

汉高祖刘邦像

两天才在汉中的边界处追到韩信，其时，月亮挂在天空，想必韩信深为萧何这番诚意所打动。

萧何追回了韩信，便向刘邦解释："其他那些逃走的将领只是普通人才，但韩信是绝世无双的元帅之才。如果大王只想一辈子呆在关中，可能不需要韩信，但如果大王想冲出关中，和项羽争霸天下，没有韩信是不行的。大王，你说要不要留韩信呢？"

刘邦虽然并不相信韩信真有什么大的才干，但萧何和夏侯婴都这么重视他，至少也不是个废物吧！

见刘邦迟疑，萧何又说："大王如果想逐鹿中原的话，必须要重用韩信，否则他一定会再次逃亡。"

刘邦是个好说话的人，见萧何这么说，也不好反对，便说道："那好吧，我就封他为将领。"

谁知，萧何居然说："普通将领的职位是留不住韩信的。"

刘邦是个豪爽之人，大方地说道："那就拜他为大将军吧！"

这种事情也只有刘邦做得出来，不了解一个人，仅凭别人的推荐，就拜韩信为大将军。用现在的眼光来看，刘邦这人做事太不严谨了，甚至是非常随意的，但他的成功的确得益于这种随意，随意不代表任意，随意往往能跟着内心的感觉走，不受任何成见的束缚。

萧何了解刘邦的性格，跟着又说："大王啊，你一向待人怠慢少礼节，现在拜大将军像哄小孩子一样，你这样怠慢的话韩信还是会跑掉的。大王如果真的诚心拜大将的话，应该选择一个良辰吉日，斋戒三天，设立好高坛，当着全军将士的面拜韩信为大将军，给足了他面子，他才能全身心地辅佐你进入关中，称霸天下。"

刘邦听萧何说得这么认真，也只好点头答应了，本来以他的性格是最讨厌繁文缛节的。刘邦拜韩信为大将军的那天，全场鸦雀无声，军中很少人听说过韩信这个无名之辈，不知道刘邦到底要做什么。然而，这事情却是千真万确的，从那天以后，韩信执掌帅印，统领三军。

刘邦所以拜韩信为大将，全因为对萧何的信任，他对韩信是否有真才实学是很怀疑的。所以，拜完之后，刘邦就作出认真的姿态问韩信："丞相多次在我面前夸赞将军，请问将军有什么良策可以告诉我呢？"

韩信是没落贵族的后代，应对这种正式的场合如鱼得水，很淡定地反问刘邦："大王想向东争霸，对象是项王吗？"

刘邦点头。韩信又问："大王自己觉得，在勇猛彪悍方面，和项王相比哪个更强？"

刘邦老实地回答："我不如他。"

韩信说道："我也认为大王不如他。不过，我还是更看好大王。请听臣详细分析，臣曾经追随过项王，对他的个性非常了解。论起勇猛，项王无人能敌，他一发怒，一千人也挡不住他的威势。但他非常刚愎自用，无法运用有才能的将领，所以，项王的勇猛不过匹夫之勇而已。"

韩信沉吟片刻，又接着说："此外，项王这个人对人非常讲礼，言谈举止非常和蔼。部下生病时，他有时会流着眼泪给他们送饭。但是当部下有功，应当封赏时，他却会显得犹豫，不愿意分封。所以，项王的仁慈也不过是妇人之仁。"

刘邦本来自觉比项羽矮一个头，听到韩信的话，马上有精神了，觉得萧何或许没有看错，这个人肯定是有些才干的。

接着，韩信又细数项羽在战略上的失误，韩信的这些判断是后来人们衡量楚汉争霸项羽之所以失败的重要标准。除了性格上的弱点外，韩信还指出，项羽称霸天下后，不在关中称王，却退居彭城，实在是一种非常短视的做法；背弃义帝，封王凭个人好恶，导致项羽在诸侯心目中地位下降，而且也增加了更多不稳定的因素；沿途对百姓烧杀抢掠，必然会丧失民心等等……

韩信的分析大都是有道理的，这证明了他不仅是带兵打仗的能手，也善于识人，善于对时代作出准确的判断。可惜，韩信看别人很准，达到了"知人者智"的档次，但还是没有达到"自知者明"的境界，所以最后身死家灭，空留一代英才的"天下已定，我固当烹"的千古遗憾。

韩信前面的话算是抽象分析，接着他提出了一个更具体的建议："大王当初进入关中的时候秋毫无犯，与百姓约法三章，深得民心。秦地百姓无不希望大王再回到关中，这股民心有很大的利用价值。现在，大王被项王排挤到汉中，而出卖秦军的章邯、司马欣、董翳却占据关中，百姓无不咬牙切齿，大王只要举兵入关，三秦自然唾手可得。”

刘邦这人最在乎实际的利益，听到韩信这话，顿时心服口服，后悔没有及早认识韩信。就像上次把军事计划完全交给张良一样，这次他将军队完全交给韩信，由韩信全权调度。

刘邦拜韩信为大将军，表面上看来主角是韩信，韩信瞬间从一个无名小卒成为指挥千军万马的大将军，这是何等威风的事。这段历史我们哪怕看上几十遍，仍然觉得神奇。是韩信神奇吗？韩信当然神奇，他后来证明了自己。但真正神奇的是刘邦，世上居然有这种领导，可以不经过任何考核，直接将一个小连长提拔到大元帅的职位，这种事情旷古少有。

破格提拔任用的实例，古今中外并不鲜见。破格提拔任用需要管理者和领导具备相当大的魄力和知人、识人的本领。

从刘邦任命韩信这件事情上，我们要学习的就是一种魄力，和一种识人之能。首先刘邦的胆识和气度是前所未有的。韩信的名声，并不是很好。乞食漂母，胯下之辱，叛楚归汉，在汉军中做个小吏都能犯法而差点被砍头。但是刘邦并不这么认为，刘邦看到的是韩信的实力，首先是萧何和张良的推荐，这两个人在刘邦看来，都是自己指挥所不能及的，他们看到的，都是比自己长远的世界。

其次是交谈之后，韩信确实有才。刘邦虽然相信张良和萧何，但是更相信自己，在交谈过程中，刘邦发现了韩信的才华，认识到在自己军营中，没有人能比得上韩信的实力。于是，刘邦对韩信进行了破格提拔。但是我们要注意，刘邦的破格提拔不是说什么连升三级，而是一步登天。

结合我们现在的现实再来看韩信的这番遭遇，更佩服刘邦的胸襟。

刘邦集团能够笑到最后，得益于人才流动渠道的畅通，它没有那么森严的等级和壁垒。正因为这样，它才能发挥人才最大的潜力，让真正优秀的人才脱颖而出，从而能够提高集团的竞争力。

现代的领导在用人的过程中，对一些有真才实学的大才之人，也要能够够具有破格任用的魄力，只有这样，才能吸引到更多的人才，也才能真正将人才的力量发挥到极致。

用大才不拘小节

古语有云：成大事者不拘小节。用人者在用人的时候，也不能够拘泥于人才在小节上的不足，而是要注重人才的才华。正所谓人无完人，人才也必定有自身的缺点，用人者就是要在不影响大局的情况下，忽略这些缺点，将人才的才能发挥出来。

人无完人。只要能看到一个人的长处，避开他的短处，就能让他发挥出真正的本领。刘邦手下的人，没有几个没有毛病。嗜酒如命的郦食其、满肚子阴谋诡计的陈平、居功自傲的韩信等，可是刘邦就是靠这些人打下了天下，因为他懂得怎样用人。

陈平是一个地地道道的穷人，家徒四壁，顺着墙边搭个棚子，有门无窗，门上挂块破席，不能遮风挡雨，更不能防寒防盗，幸好他没有什么可偷！

可是他是一个谋略家，善于"良禽择木而栖"，为刘邦设下许多妙计……

陈平是刘邦的可靠军师，在刘邦夺取和稳定天下的过程中功不可没。虽然刘邦没有将他列入汉初三杰，但是他的足智多谋足以与张良相媲美。在沉着、稳重方面，陈平不如张良，但是急中生智，让刘邦化险为夷的能力，是张良难以企及的。在刘邦称霸天下之后，张良在政治上的活动不多，只是平淡生活，而陈平则活跃于政界，最后辅助汉文帝治理乱世，将战国时代纵横家的精神风貌展现地淋漓尽致。

陈平出生在阳武（河南省原阳东南）户牖乡（河南省兰考东北），年少时家境贫寒，但喜欢读书，与兄嫂相依为命。虽然兄嫂家的经济条件也不好，但陈平的哥哥陈伯宽厚仁慈，自己埋头耕耘，担负起家庭的重任，为陈平读书提供经济资助。

但是其嫂也心疼自己的丈夫，见陈平游手好闲，心里很难受。

一天，有个人这样问其嫂："你们家这么穷，是怎么让陈平吃得白白胖胖，长得如此壮？"

听到这样的问题，其嫂按捺不住了，冷嘲热讽地说："别看他长得魁梧，但肚子里没什么东西，全是糟糠，这样的小叔子，真不讨人喜欢。"

此事很快传到了陈伯的耳朵里，他为了保护弟弟，休掉了妻子。

时间过得很快，转眼间，陈平该娶媳妇了，但始终没有合适的。因为富家女不可能心甘情愿嫁给这样一个穷书生，而穷人的女孩又入不了陈平的眼，所以婚事一直没有解决。

在陈平所在的乡里，有位富户叫张负，他的孙女已经出嫁五次，但结局都是死了丈夫，所以，很多人说此女克夫，从此，再也没有人敢去提亲。陈平得知此事后，想娶该女。当时，正好邑里有个人死了，陈平知道主持操办丧事的是张负，于是，他刻意去帮忙，而且表现不错。

张负觉得陈平不仅外貌英俊，更重要的是做事让人放心，所以打算与他交往。你来我往，张负和陈平逐渐熟悉起来。张负去陈平家才知道他家境贫寒，生活条件很差，俗话说的"家徒四壁"还不能用在他身上，因为他家门无窗，门上挂着一张"弊席"，挡风尚且不能，条件还不及"家徒四壁"。但是张负却没有仅停留在这些表面的东西，而是看到陈平门口有大车、大马来往之迹，所以张负感觉到陈平将来一定会有大作为。

回家后，张负叫来儿子张仲说："我打算把孙女嫁给陈平！"

张仲颇感吃惊："父亲怎么能把孙女嫁给陈平呢？他家一贫如洗，条件极差，仅那几分田地还不能维持生计，他却还不去努力改变这种状况，大家都耻笑他的所作所为，您还是再考虑考虑吧！"

听儿子这么一说，张负不乐意了，说："像陈平这样形貌奇特之人，不可能长期贫困的！"

于是，张负作主，就把孙女嫁给了陈平。因为陈平家贫，没有钱置办酒席，所以张负就借给他许多钱米，送给他很多酒肉，希望能把婚礼办得风光一点。

出于对陈平的欣赏，张负还特别嘱咐他的孙女："千万不要因为他贫穷而排挤和不尊重他，如果你不听我的话，就会有失妇道。还有，你要好好对待陈平的兄嫂！"

由于五次婚姻都是以丧夫而告终，所以伤痕在张负的孙女心上已经是数不胜数。然而，在第六次出嫁时，能嫁得如此英俊的美男子，自然欣喜不已。所以她对陈平温柔、体贴、关爱，使陈平每天都很开心。在他人相助和贤妻支持下，"资用益饶，游道日广"，陈平开始走向社会打拼自己的事业。

陈胜、吴广起义后，周市占领河南，拥魏咎为魏王，而他自任魏国宰相。

魏王咎率领军队于公元前208年6月与秦少府章邯在临济（河南省封丘东）开战，陈平带领数人去投奔魏王咎，被授以太仆之职。太仆是王身边的臣子，主要掌管魏王车马出行之事。陈平曾经多次向魏王建言献策，不仅得不到采纳，反而遭人嫉恨，受人谗毁。在魏王身边行事多年，陈平深知魏王咎是平凡之人，难以成就大事，所以，他毫不留恋地出走，另找出路希望能找到自己的用武之地。

在公元前207年冬，项羽在黄河沿岸的一次战争中大获全胜，击退了秦军。此时，陈平见机行事，投奔项羽，并参加了历史上著名的的巨鹿大战。在战争结束后，陈平跟随项羽入关，后被授以卿爵。因为项羽缺乏识人的才智，所以陈平仍没有被重用。

项羽在汉元年也就是公元前206年正月宰割天下，分封诸侯。在四月进入汉中后，随后几个月刘邦就平定了三秦大地。

在汉二年也就是公元前205年春，项羽派陈平征讨殷王司马卬，因为他背楚附汉，所以官封信武君。在这次出兵作战过程中，陈平崭露头角，不仅展示了自己的能力，还收降了司马卬，因此项羽封他为都尉，还"赐金二十镒"。

同年三月，韩信巧妙设计抓获了司马卬，占领殷地。项羽为此恼羞成怒，认为这事与陈平有关，史载："将诛定殷者将吏。陈平惧诛，乃封金与印，使使归项王，而平身间行，杖剑亡。渡河，船人见其美丈夫独行，疑其亡将，腰中当有金玉宝器，目之，欲杀平。平恐，乃解衣裸而佐刺船。船人知其无有，乃止。"

此事真可谓是陈平蒙冤受辱，他只好选择逃离项羽，但恰巧又在黄

河边上遭遇水贼，陈平急中生智，化险为夷，这一次他又"良禽择木而栖"。

陈平逃到河南修武，打算投奔老朋友魏无知。而魏无知又向刘邦推荐。因为刘邦在鸿门宴上曾通过张良得到陈平的帮助，所以刘邦置酒款待他。宴请结束后，刘邦准备送客。

陈平对刘邦说："我有事来投汉王，所言之事不能超过今日！"

于是，刘邦与陈平交谈。两者具体谈的什么内容，在史书上没有记载，不能妄加论断。但是，史书记载："王与语而说（悦）之"。

刘邦问："您在楚国官居何职？"

陈平回答："做都尉。"

当天，刘邦就任命陈平为都尉，"使为参乘，典护军"。所谓"参乘"就是陪乘。古人在乘车出行的时候，一般驾车手都在中间，左边和右边分别是尊者和车乘。按这种座次分布来看，陈平靠刘邦最近。所以，陈平就顺理成章地被提到了这个位置，任职"典护军"，责任是监护三军。

看到陈平如此走运，诸将都羡慕、嫉妒甚至对陈平有点恨，所以纷纷进谏，对刘邦说："对于一个楚国降兵，大王您还不知道他的品行、才能，就对他封官加爵，还同车出行，另外，您提拔他监护三军，这未免有点过分了吧，这容易失去旧将的支持。"

刘邦做事很有主见，他相信自己的眼光，所以闲言碎语根本无法动摇他的决定。陈平曾经讨伐项羽，打败彭城而回，收散兵进守荥阳，不知出于何因，刘邦加封陈平为副将。大概是陈平为刘邦出了计谋。

被嫉妒之心腐蚀的大将们终于按捺不住了，他们开始不择手段，诋毁陈平。即使如此，刘邦依然我行我素，不为所动。陈平屡易其主，甚至被人诬陷为"昧金""盗嫂"，但是刘邦依然将其重用，可谓是用大才不计小节的典型代表。

用人是一种学问，管理者选用的人才，千人千面，也不可能会是完美的、毫无缺陷的人才。这就需要你用人者能够抓大放小，将人才合理利用起来，充分发挥人才的优势，合理规避人才的缺点和不足，使得人力资源得到充分地发挥。

陈平得遇明主，刘邦收纳贤才，在一定程度上，是刘邦的选人之功。刘邦启用陈平在一定程度上是招人非议的，毕竟陈平有一些为人议论的事情客观存在，然而刘邦并没有因此而存在选人的误区，他看到的更多的是陈平的才学和能力。陈平的一步登天虽比之韩信不及，但是对于和刘邦一起出生入死的战将，却又有着独特的地方。

刘邦选用陈平，是"人才学"的一个例证。

用人者就是要有这种用人的气度，能够包容人才的缺点和不足，不计较细节上的缺点，而注重人才真正才能的发挥，只有这样，才能吸纳更多的人才为自己所用，也能减少人才的心理负担，使其能更好地发挥自己的才能。

用榜样的力量驾驭人才

榜样的力量是无穷的，我们日常生活中、工作学习中，都喜欢树立榜样，榜样往往起到了一种方向性的指引作用。用人者在用人的时候，就可以树立榜样，以激励自己团队中的每一个成员向着自己希望的方向

发展。

有个叫季布的人，他曾经是项羽的部下，为人忠厚老实，特别讲信用。凡是他答应过的事，即使困难重重，他也一定想办法做到，所以在当时他的名字众所周知。在服务项羽时，他能征善战。几次把刘邦打败，弄得刘邦很狼狈。后来项羽被围，自杀，而刘邦顺势夺取天下，登上皇位。虽然战事已经过去很长时间了，但每当刘邦想起自己曾经败在季布手下，就怒气冲天。为了出这口恶气，刘邦决定辑拿季布。

当时，一个周姓人知道了这个消息，于是，他暗地里把季布安置在鲁地一户姓朱的人家。朱家在关东很有势力，并且以"任侠"闻名。此人很敬佩季布的侠义，于是尽力将季布保护起来。除此之外，他还专程到洛阳去找汝阴侯夏侯婴，求他解救季布。

夏侯婴与刘邦是老相识，两人的关系很亲近，后来他跟随刘邦起兵，转战各地，为刘邦建立汉王朝立下了汗马功劳。他很同情季布的不幸遭遇，于是在刘邦面前尽力为季布说情，看来老朋友的交情还在，终于使刘邦赦免了季布，还封他为郎中。不久后又任命他为河东太守。季布也不负重望，为汉家天下出了不少良谋妙策。

楚汉战争时期，项羽前去平定齐国，刘邦听闻此消息后，就趁项羽不在楚国之际，攻入楚国国都彭城。项羽得知此事后，赶快回师，但又害怕如果时间来不及，定会铸成大错，所以，项羽决定从鲁地出发经过胡陵，然后到达萧县，这样就截断了刘邦的退路。双方的部分军队在彭城睢水展开了战争，汉军伤亡人数较多，尸体已经阻塞睢水。见此，刘邦向西逃命。然而，楚国大将丁公带兵追上了刘邦并想杀了他以向项羽领赏，这时刘邦跪地哀求，希望丁公给他留条活路，并说："咱们都是有才能的人，何苦如此相逼。"丁公顿时产生了同情心，回想自己曾经与刘邦共同跟随项羽，刘邦的为人处事他非常欣赏；另外，他也想给自己留条后路，所以决定放掉刘邦。丁公怕项羽秋后算账，所以弃官归隐山村。

听说刘邦消灭了项羽，丁公非常高兴，他认为对刘邦曾经有救命之恩，如果去找他一定会讨到封赏。

经过长途跋涉，丁公终于到达京师。此时都城的繁华对丁公没有任何吸引，只找处驿站稍作休息。第二天，丁公简单地收拾了一下，在收拾东西之余，他还不忘回想着昨天晚上做的美梦：当丁公见到皇帝的时候，皇帝肯定会喜出望外，大摆酒席宴请他，并且还会与他同坐、对他嘘寒问暖，最后还赐封他为侯。每当想到这些，他都会庆幸当时自己的所作所为，对于自己的救命恩人，皇帝肯定会待他不薄，所以飞黄腾达不在话下，一想到这些，丁公不由自主地加快了脚步。

天还未亮，等丁公到的时候，宫门还没开。等了很久，宫门才缓缓打开，这时大臣们的马车陆续进入。

"时间过快点吧！"丁公心里想着，并赶紧上前给侍卫说明情况，请他进去禀报。一会工夫，谒者请丁公觐见。丁公小心翼翼地进去，偷偷扫了一眼，宫殿可真大，戒备森严，大臣肃立。看到如此宏伟气势，丁公赶紧低下头，加快脚步并跪于地下。刘邦对他的到来并没有像丁公梦想的那样，从刘邦说话的语气中，丁公感觉皇帝对他的到来没有惊喜，只有惊讶，甚至有点不欢迎。

丁公被安排在了一个小房间里，对此，他感到特别纳闷：皇帝到底是什么意思。一天，一阵急促的脚步声传来，丁公以为可能皇帝要封赏了，没想到只见几名侍卫闯进屋，把丁公绑起来带走了，并把他押到所

有的将兵面前要杀了他，此时的丁公真是又急又怒，嚷着要见刘邦并破口大骂他忘恩负义。刘邦来了之后，他对在场的所有将士们说："丁公曾经是项羽的部下，但由于他对主子不忠诚，才致使项王成为瓮中鳖、失去天下。"随后就下命处死丁公，并告诫众人："这样可以以儆效尤，让后人时刻牢记对主子应一心一意。"

之后，人们为纪念冤死的丁公，便把丁公曾经居住过的地方称为"丁公故里"。时间一久，人们为了便于称呼，而称为"丁里"。

刘邦向来以能容人著称于世，怎么就容不下一个丁公呢，原来刘邦用丁公一颗人头，昭示他要臣下忠于皇帝的意图，夺取天下和镇守天下。形势完全不同了，夺取天下的时候，群雄逐鹿，民无定主，只要有一技之长，有一时之用，来者不拒，镇守天下，如今刘邦已经登基为皇帝，四海之内，尽为臣下，刘邦是不可能容忍有二心的人，如果对奸臣贼子还进行奖励，天下是不可能安定的。杀死丁公一人，让天下臣民知晓，怎样才是忠臣，才能受到奖励，怎样是奸臣，要受到惩罚。

对于敌对势力的余党季布与丁公，刘邦采用了义释和怒斩两种截然不同的方法。从表面上看来，刘邦既要用晓以大义，不计前嫌的方法，还要杀一儆百，以儆效尤，宽松与严厉相结合。这是历代统治者都使用的方法，目的是清除异己、巩固政权。从根本上来说，刘邦对季布和丁公的不同待遇还有更深的含义——因为彭城之战时，季布紧追刘邦，刘邦差点失掉小命；而丁公在生死关头却被刘邦"动之以情"，放了他一马。

从个人恩怨上来说，刘邦应该斩季布而释丁公（甚至奖赏丁公）。但他恰恰相反，斩丁释季，他做出的解释是当时两国交兵，主人不同，季布当时忠于项羽，在战场上紧追刘邦是对的；但丁公的做法，被刘邦说动放掉他，则是吃里爬外的叛主行为。所以刘邦重用季布而杀丁公，一来说明他并未夹带个恩怨；二则是杀鸡给猴看：臣下有谁效丁公而叛主子者，当以此为戒！所以司马光称赞此举是"戮一人而千万人惧"的道理也就在此。

刘邦采取的加强统治、维护政权的措施主要包括斩丁释季、对忠臣封官论赏、扫除残敌，礼贤下士以及在朝中大搞"平衡术"等，这些措施是之前很多统治者用过的，刘邦只是效仿，所以说这位汉代开国皇帝"集历代统治术之大成"，实在是不过分。

树立一个榜样，就是要确定一种规范，竖起一种标杆，确立一种价值理念。用人的过程中，就要树立这样一种标杆，让整个团队中的人全部以榜样为标杆，向着用人者所希望的方向前进。

列宁说："榜样的力量是无穷的。"邓小平同志多次强调："身教重于言教。"可见榜样的力量是巨大的。刘邦就是要通过树立正面的榜样，来激励手下都做忠臣，而通过杀掉负面的榜样告诫大家：背叛的下场。

在封建社会，不少军事家、领导者，都懂得用榜样的力量来驾驭手下。这也是平常功必赏、过必罚的原则。而这一原则，不仅适用于封建统治，同样适合于当今时代对人才的驾驭。对于那些忠心为主的人才，可以通过各种手段，在自己的团队中形成一种榜样的精神，让自己团队中的人，也以自己的团队利益为核心，只有这样，才能使自己的团队得到最大限度的发展。

善于稳定人心

在团队发展的过程中，要面对很多的问题，有时候一些问题处理不好，就会引起成员的骚动，而人心不稳往往会造成一个团队在竞争中失败，或者从内部发生分化从而影响整体的发展。这时候，如何稳定人心就成了当务之急。

刘邦当皇帝后，除了要分封韩信、彭越等人为王外，那些跟随他南征北战的功臣和将领们也都急切地等待着他论功封赏。在封赏的过程中，大家都标榜自己的功劳大，要求得到较多的封赏争来争去，前后持续了一年多时间，也不能确定这些功臣功劳大小的次序。

刘邦认为萧何的功劳最大，于是先从他开始封赏。他封萧何为酂侯，并享受很多的食邑。但是刘邦这一举动，却引起了其他功臣们的强烈不满。他们说："我们披坚执锐，多的身经百余战，少的也有几十次战斗，攻城略地。可萧何从未参加战斗，也没有立过任何战功，只是舞文弄墨，摇舌鼓唇，陛下反而将他的功劳定在我们之上，这是什么道理？"

刘邦对这些不服气的功臣们说："你们知道打猎吗？在打猎的时候，追杀野兽的是猎狗，但是指挥猎狗的却是猎人。另外，你们都是以个人的身份追随我，最多的也不过带着两三个家属，可萧何却带着他家族全体共几十个人追随我打天下，他的功劳我是不能忘记的。"

功臣们听刘邦这么一说，也就不敢再有反对意见了。

在后来评定各位功臣大小的次序时，有人认为曹参在战争中曾经负伤70处，攻下的城池和地盘也最多、最大，应该评曹参为第一大功臣。

的确，曹参论军功应该评为第一，因为他曾攻灭了赵、齐2个王国，攻下了122座县城，俘虏过2个王、3个相、6个将军，以及大莫敖、郡守、司马、侯、御史各一人。刘邦已经封赏给萧何最多的封邑，因此，在评定功臣大小的次序时，对于这种意见，他也很难反驳。可是刘邦还是想把萧何的功劳定为第一，却找不出什么理由来说服大家。

正感到左右为难时，有位叫鄂千秋的关内侯，暗中揣摩出刘邦的心思，他发表意见说："众臣的议论都不对，曹参尽管有攻城掠地的功劳，但这种功劳仅是在一时、一地产生作用和影响。陛下和项羽争夺天下，前后五年，经常在战斗中打败仗，有几次甚至全军覆没，只身逃亡。在这种情况下，萧何总是从关中源源不断地向前线输送战士和粮食，尽管陛下并没有命令他，他却能多次地输送几万军队增援处于危难之中的陛下。楚汉双方在荥阳相持几年，粮食缺乏，萧何多次从关中地区把粮食运到荥阳前线，保障了陛下军队的粮食供给。陛下尽管几次在关东战场遭受惨败，但萧何总是为陛下留守关中，保全了关中这个大后方。这种功劳是影响陛下世世代代的大功劳。陛下即使没有一百个像曹参这样的人，也无损于汉王朝，即使有他们，也不能保全汉王朝的万无一失。现在评论功劳大小，为什么要把一时的功劳放在万代的功劳之上呢？因此，我认为萧何的功劳应该是第一，曹参的功劳应在萧何之下。"

鄂千秋的这番话，正是刘邦想说而又未能说出来的话，正符合刘邦

的心意，刘邦听后，连声称赞。于是将萧何的功劳定为第一，曹参的功劳为第二，并给萧何可以佩剑、穿鞋进入殿中，不必急急忙忙、踏着碎步上朝的特殊礼遇。还让萧何的父子兄弟十余人都享受封号和食邑。

因为鄂千秋帮他解决了疑难，为表示感谢，刘邦说："我听说，推荐贤人，应该受重赏。萧何的功劳虽大，如没有鄂君的说明，大家就看不清楚。"于是加封鄂千秋为安平侯。

张良对刘邦的帮助也很大。当时，刘邦已经封了二十多位大功臣，其他功臣因为日夜不停地争功，功次的高下一时不能确定，故而也就无法依功封赏。刘邦居住在洛阳南宫，有一次从天桥上凭栏望去，见将军们三三两两聚在一起嘀嘀咕咕。刘邦问道："他们在说些什么？"张良答道："陛下不知道么？他们是在商量谋反呢。"刘邦说："天下刚刚安定，为什么要反呢？"张良答道："陛下崛起于民间，与他们这些人一起取得了天下，可是如今陛下已经贵为天子，而所封赏的都是萧何、曹参等故旧亲近喜欢之人，而所诛杀的都是平生与自己有仇怨的人。现今军吏统计军功，天下的土地不足以使人人都得到封赏，他们这些人害怕陛下不能封赏到他们，又担心受到猜疑或者因为以往的过失而被诛杀，所以才聚在一起要谋反呢。"刘邦听了，忧心忡忡地问道："这可如何是好？"张良说："一定要先封与刘家关系最远的。"刘邦马上说："雍齿同我有宿怨，又多次使我狼狈不堪，我想杀掉他，考虑他功多，才不忍心下手。"张良说："现在马上先封雍齿，给群臣看看。群臣见雍齿都被封了，那么众人也就安心了。"于是刘邦摆设酒宴，当场封雍齿为什方侯。并急忙催促丞相、御史确定群臣功次，依次封赏。群臣喝完酒，都高兴地说："我们不必担忧了。"

这个小故事脍炙人口，有着很高的谋略认识价值。历朝开国之初，都要论功行赏。这是件大事，做好了，大家皆大欢喜；做得不好，就有可能激化矛盾，动摇政局，甚至会导致严重的政治危机。汉高帝刘邦采纳张良建议，先封雍齿为什方侯。雍齿早年曾背叛过刘邦，把刘邦弄得狼狈不堪，刘邦很恨他，大家都知道。封了雍齿，也就安抚了众人，从而也就避免了一场政治危机的出现。

类似的权术，刘备也用过。公元214年，刘备率军攻打刘璋，围攻雒城（今四川广汉北）。眼见刘璋渐渐招架不住，刘璋的蜀郡太守许靖便打算偷偷越城投降刘备，可是事情被发觉，偷逃失败。后来许靖随同刘璋一起投降了刘备。刘备因为许靖对主子不忠，不想任用他。这时法正进言道："许靖虽然名不符实，称不上高才，但他在天下人心中的声誉确实是很高的。现在您刚占领益州，开始自己的事业，如果你连许靖这样在天下人心中有声誉的人都不任用，那天下人一定认为你不能重用贤士。你现在应该像古燕王礼遇郭隗一样去重用许靖，并让远近的人都知道，这样你才会赢得民心，才能招纳四海贤士。"刘备听了，顿时醒悟，于是采纳法正的建议，重用许靖为左将军长史。此事很快传遍益州，许多名人才士也都纷纷投靠刘备。刘备于是在益州深得士民拥戴。

事实证明，在任何一个朝代的权力斗争中，最高统治者都会面临如何平衡统治集团内部的派系权力问题。一般说来，这是统治者的基本政治素质要求。谁要是能运用好这种平衡术，谁就能稳居高位，相安无事，相反，则可能因派系之间的斗争而使内部矛盾尖锐化，从而危及统治者的安危。

不管过去多少年，历史可能会重演。清末时期，曾国藩建立的湘军内部也是有众多派系并列，如江忠源、曾国荃、李文度、刘腾鹤部等都为江西驻守，不好管理。另外，名义上属曾国藩领导的李鸿章、左宗棠

等部也早已是分崩离析，在制衡派系力量的斗争上，曾国藩学习历史上刘邦的派系平衡之术，得以使得湘军联合抗敌，最终成为清王朝的王朝之军。

在每个朝代权力的斗争中，统治者都会面临平衡统治集团内部派系的权力问题，拥有这个本领是统治者的基本政治素质要求。只有搞好这个平衡术，才能稳居高位，平安无事。

刘邦实行分封制，看起来是对秦王朝实施中央集权郡县制的一种倒退。但是，刘邦当时为了稳定大局也不得不这么做，正如张良所说，刘邦当时如不分封列侯，就会引发造反，更不用说不分封王了。这是因为秦统一全国后，实施暴政，引起全国人民的不满与反抗，因此，在推翻了秦王朝后，连同它所推行的中央集权郡县制也一起被推翻了。恢复秦以前的分封制，成为当时的一股社会思潮。刘邦本人不可能抗拒这股社会思潮，也不能不接受项羽在推翻秦王朝后分封的政治格局，更不可能消灭在击败项羽后实际存在的各股军事势力与政治势力。他只能利用这股社会思潮和各股军事势力与政治势力为建立自己的汉王朝服务。因此，刘邦在击败项羽后，实施分封制，是适应当时历史发展所需要的明智之举，而不能认为是逆历史潮流而动的错误措施。

为了以示公平，稳定人心，刘邦不念旧恶，把雍齿也封为什方侯，这的确是稳妥的一招。既见张良智谋，又见刘邦大度，更主要的是人心稳定、政权巩固的作用。这也是我们现代用人者在用人的过程中要学习借鉴的地方。

对人才进行有效测试

知人善任是用人者的智慧，善任的前提是要知人，知人识人是古往今来成功的领导者所具备的共同素质。但是如何才能做到知人呢？人的眼光难免会发生偏差，这就要对人才进行测试，通过简单的测试，观察人才的真正实力。

刘邦在争霸的过程中吸纳过不少人才，在其打天下的初期，一次率军路过一个叫高阳的小地方时，又碰上了一位日后对他的争霸大业有着重要影响的人，此人就是郦食其。

郦食其本是当地的一个穷儒生。他自小爱读书，因家中破产，所以只能以做看门人为生。

郦食其人穷志不短，他从不把富贵之人放在眼里，既有抱负又有几分豪气，县中的地痞无赖都不敢欺负他，且称他为狂生。

刘邦手下的一个骑士，是郦食其的同乡。刘邦平时常向部下们询问，让他们推荐人才。骑士经过高阳，顺道回家探视，遇到了郦食其。

郦食其对同乡朋友说，"我听说沛公为人傲慢，瞧不起人，尤其是儒生。他胸有大志，这种人才是值得追随的英雄。我想见见他，但是缺少一个引路的人。"

朋友说："算了吧，你这么大年纪了，大帅可能不感兴趣。"

他说："你回去告诉沛公，我虽六十多岁，身体还很好，身高八

尺，人称狂生，可我自己从来不承认。"

朋友说："沛公最不喜欢儒生，平时只要有人跟他提起儒生这两个字，他就要把儒生臭骂一通。你要是想去见他，就得把你那儒生的一套收起来，千万别自讨没趣。"

郦食其仍然很自信，并叮嘱说："你只将我的话说给沛公就是了。"

朋友见郦食其如此坚持，只好硬着头皮去了刘邦那里一趟。骑士也是聪明人，他趁刘邦很清闲、心情又好的时候按郦食其所教的内容，向刘邦推荐了郦食其。

刘邦对这样的儒生，哪里提得起兴趣，可是有碍于这位手下和自己的交情，不得不给个面子，敷衍一下，于是勉勉强强答应见郦食其一面。

骑士当然看得出刘邦的心思，回去转告郦食其，并劝他说："大帅工作繁忙，很难抽空见你一面，即使见了面，他也不一定喜欢你这种读书人，尤其是你这一套繁文缛节。"

郦食其生气了，他让骑士告诉刘邦："你就说高阳酒徒来了。"

后来，刘邦终于答应见他了。

郦食其如约来到刘邦的住所时，刘邦竟然在卧室接见他。在这种地方接待客人，肯定会让人感到没有礼貌，更让人难以接受的是，郦食其进来的时候，刘邦因为旅途疲累，正叫两位女子帮他洗脚按摩。反正郦食其也不是什么大人物，刘邦便坐在床边接见他。

郦食其进门后，见到这种情形，便只站立着懒洋洋地冲刘邦打了个招呼。很明显，他对刘邦的怠慢，也在用自己的方式进行反抗。见这个儒生这样大胆，刘邦反倒有了兴趣，仔细地打量了郦食其一番。

郦食其问刘邦："请问，将军此行的目的是什么？"

刘邦生气地说："我是来替天下受苦的百姓攻打秦国的，这还不明白吗？"

郦食其笑了，之后又质问刘邦："率队伍打仗要讲得民心，也要讲礼义，你不讲礼义，何以得人心呢？"

刘邦笑着说："请，请您老人家坐下来说话吧。"

从谈吐来看，郦食其虽然年事已高，但的确是一个人才。他所讲的治军之道，深深地打动了刘邦的心。于是，刘邦就将此人留在了身边。

郦食其分析了秦王朝的现状，以及刘邦军团的优势与劣势所在，并建议刘邦应暂时让军队驻扎下来，伺机攻打陈留。

为什么要打这个地方？因为此地交通便利，城中有不少粮食，这正是刘邦所需要的东西。

刘邦攻克陈留后，果然获得了不少粮草，对郦食其更为赏识，不久便封他为广野君。

在后来的多次战争中，郦食其向刘邦提出了许多重要建议，并主动当起了联系诸侯的使者，到处游说诸侯，来配合刘邦的西征。

接着，郦食其又向刘邦引荐了他的弟弟郦商，郦商这时已集聚4000多人的小军团在附近活动。刘邦接纳他后，封他为将军。

刘邦一路西征，途中又多了像郦食其这样的一个人辅佐，这是值得庆幸的。日后，在刘邦争霸立业的过程中，郦食其创下了不朽功绩。

刘邦虽然头脑灵活，有政治谋略，但文化水平不高，所以他需要郦食其这样既学富五车、又有远见卓识和真才实干的人才加以辅佐，在他完成丰功伟绩的过程中助他一臂之力。

刘邦听从郦食其的批评和指点，礼贤下士，他的真诚和坦率使他获得了人才。

正因为如此，经过政治和军事上的反复考验，刘邦不断成长，并成

为反秦武装起义中的一个不俗之辈，担任起推翻秦朝暴政的历史重任。

刘邦原本对儒生很有偏见，但他虚怀若谷，善于纳言，终有助于事成。他接纳郦食其后，他在世人眼中成了一个礼贤下士的君王。这就是帝王之道的大道啊！

人才可能来自各个层面，然而我们岂能因为他们的身份尊卑不同而有所厌弃或者喜好呢？如果一个企业太在意人的出身和处境，那么，这个企业就会失去很多竞争力，失去很多站在同行前面的机会。

那么，刘邦究竟是怎么做的呢？从出身上来讲，神话毕竟是神话，可现实中他实实在在就是一个农民的儿子。也正因为如此，刘邦了解下层人民的疾苦，深刻体会到被人看不起的感觉，也正因为贫穷，他养成了一个慷慨大方的个性。也许有人该在这里提出质疑了，贫困怎么可以让人变慷慨呢？他自己都缺衣少食，拿什么去救济别人呢？刘邦怎么做到的呢？别人见他性格豪爽，经常会有一些豪杰拿一些钱来接济他。自然这钱不是自己的，那么给了别人也没有什么可心疼的，还可以借此扩大自己的名气，刘邦就是这样想的，因此，钱多或者钱少的时候都会给别人一些。说他的这个性格又有什么用呢？因为，这正关系到他的选人之道。

这先要说到刘邦这种无拘无束、随心所欲的性格，正是有了他这种选人、用人上的与众不同，才有了前倨后恭选用郦食其的事情。刘邦见到他的时候，郦食其已经是一个很年迈的老人了。他是一个很有志气的人，儒生这个身份可不被刘邦看好，很久以前他见到儒生一生气就怒气冲冲地向人家的帽子里撒尿。对于郦食其这个又老又没听说过的人，他会接见吗？天生对儒生不喜欢甚至是厌恶的刘邦能接受一个儒生的进谏吗？可是，刘邦不是一般的人，他的性格让人猜不透，他的做法也是稀奇古怪。千万别以为刘邦是一个没有心机的人，看看刘邦是如何用招试探这个郦食其的，我们现代人，尤其是领导，十分有必要学习一下他的辨人技巧。

刘邦在一开始的时候对郦食其的态度确实不够恭敬，但是，我们有没有想过这或许是一个领导试探手下的方法。刘邦很在意人才的培养和利用，但他决不是随便就滥用一个人的，因此他想要测试一下郦食其是不是一个真正的人才。也许他的做法带有了一点看不起的意味，但是聪明的人岂能看不出这里面的迹象。如果你是一个伯乐，那么你就不怕千里马对你不理不睬，最终他将会在你的引导下助你成就大事业。

对待人才不仅仅是要合理地测试出他们的才能，还要学会留住这个人才。在体会到郦食其确有才学的时候，刘邦马上变了态度，恭恭敬敬地请郦食其进了自己的队伍。并且在后来，刘邦在占有陈留后立即知恩图报，给了郦食其一个广野君的称号，这样做又有什么好处呢？刘邦是一个很好的领导，他很大方和慷慨，对于人才不能只用一次，最重要的是要长久地为自己所用，而对待人才的态度之一：待遇就是重要的一项。因此，刘邦利用了自己的慷慨特性，给予了人才很好的发展机会，也给了自己一个不断向前迈进的活力源泉。

现代用人者在用人的时候，同样要注重对人才的考核，当今社会的人才录用都需要经过的面试，就是一次对人才的考核，而如何合理设置面试的内容，以在最短的时间内将人才的能力给予正确的评价，就是用人者要用心的地方。

用激将法筛选人才

中华民族传统美德中有谦虚的品德，有才之士中不乏一些人以谦虚为上，在团队中宁愿默默无闻，也不愿锋芒太露，这就给用人者筛选人才带来一定难度。聪明的用人者就会使用激将法，在任务面前，激将法往往能够将人才的斗志激发出来，而展示出自己的才华，这时，用人者就可以轻易地将人才从众人中挑选出来。

从刘邦的角度讲，楚汉争霸的前半部分，用个成语形容，叫以卵击石；后半部分，用个俗语形容，叫扮猪吃虎。现在我们来看一下他在夺取天下前的一些事情。

刘邦最惨的一次失败是彭城之战，明明是十拿九稳的胜仗，却让楚霸王追得狼奔豕突，亡命逃窜，连自己的父亲和妻子都叫项羽给俘虏了。饶是刘邦脸皮厚如城墙，也受不住如此奇耻大辱，扬言拿出自己的关东之地作封赏，求猛士与项羽争锋。

张良不愧一等谋士，向他推荐三人：韩信、彭越、英布。

英布，秦末汉初名将。六县（今安徽六安）人，因受秦律被黥，又称黥布。初属项羽，为霸王帐下五大将之一，被封为九江王，后叛楚归汉，被封为淮南王。与韩信、彭越并称汉初三大名将。

张良荐英布的时候，正是英布任九江王的时候。一个和楚霸王渊源极深，且自己已经做了王的人，想要纳他于帐下，谈何容易。派去做说客的人一句话不合适或许就会失去性命，所以无人敢去。

刘邦大怒，大骂道："你们这群人都是饭桶，我白养你们了，没人能替我办事……"我们要对此表示理解：刘邦本来就没多少文化，没素质的一个混混，这么个骂法，还得算得上文明……骂归骂，刘邦可不只是想骂骂解气，他更希望通过自己的骂，能够骂出一两个有能力的人来。不单单为了解气，更重要的是，这是一种激将之法。

刘邦的激将法生效了，有一个人挺身而出说道："汉王，您为什么发脾气？您想要别人替您办什么事？"

这个人就是随何。

随何担任谒者一职，而谒者就是国家庆典或会议的礼官，但这种官职往往都是儒生担任。

刘邦特别不喜欢儒生，因为他实在受不了儒生们的的繁文缛节，做什么事都感觉很假。其实，儒生并不是毫无用处。在仪式和交往方面，他们担当重任，因为他们懂得如何准备，如何做到不失礼节，所以，儒生办事颇让人放心。

由于儒生好瞻前顾后、做事不讲究效率，并且缺乏弹性，所以，办大事并不是儒生的强项。因此，在重要的工作中刘邦选用人才时，往往不把儒生放在考虑范围之内。

随何随即又问道："汉王认为没有人才，是什么意思？"

刘邦说："要是有人能替我说服九江王，使他背叛项羽，那么这就会牵制项羽使他只能固步自封，另外，在几个月之内，我就能大获全胜，称霸天下。"

随何大胆表示："我愿做大王的使者，去说服九江王。"

眼前实在无人可选，既然随何愿意前去作为使者，刘邦当然很乐

意，于是派遣由20人组成的特使团前往九江。其实，虽然刘邦答应随何前去，但他对这次出使没有什么信心，因为控制九江王英布是最好的策略，所以不妨就让随何去试试。

随何到了九江，住在九江王府对面的馆舍里，投书求见英布。

英布与谋士费赫商议随何到来的原因。

费赫说："这次随何来，一定是因为汉王新败睢水，无力与项王为敌，差他来下说辞，劝说大王归汉。大王暂且以病推辞，不要轻意相见，让汉王知道大王的份量。"

英布让门官告诉汉使暂时回去，等到病好了，再来相见。

随何得到回报，猜想一定是谋士费赫从中作梗，即到费赫门下求见。费赫返家，听说随何求见，算定是向他先下说辞，想知道究竟，忙下阶迎接。

相见礼毕，费赫说："大夫因何贵干来此？"

随何说："汉王新败于彭城，在荥阳招募兵丁，着诸将各归乡里。我是六安人，久念父母之邦，归来拜扫父母之墓。经过九江，敬慕九江王英名，特来求见。九江王怀疑我是汉使，称病不见。我本来想一直到六安去了，但是怕此怀疑始终不解！所以特来拜见大夫，请求代为转告。并且，大王坐镇九江，应当折节下士，招募天下贤士，成为一代明王，使天下之人仰慕，大夫也因此可以成为辅弼贤臣。如今我慕名而来，却被拒而不见，四方贤士听说九江王傲倨如此，谁还愿来相投呢？像大夫这样的善辅之人，岂可坐视不言？"

费赫内心被随何说得忐忑不安，但脸上却丝毫不表现出来，从容地说："大夫暂住一宿，待明日英王病情好转，我就入朝告禀。"

第二天，费赫去见英布，说："随何不是汉家说客，而是归家探亲，途经九江，羡慕大王英名，特来求见。"

英布说："慕名求见，拒之非礼。"叫人去请随何进见。

随何与英布相见礼毕，英布问道："先生跟随汉王日久，必知汉王许多备细。前日汉王睢水之败，如何不用韩信？"

随何说："前日汉王亲发手书，布告天下，为义帝发丧，兵将缟素，天下诸侯闻书而到者，都深恨项羽弑义帝，愿协助汉王讨伐项羽。因此汉王留韩信镇守三秦大地，作为大本营。不想霸王秘密派人持书，通告天下诸侯，弑义帝之人是九江王。其罪尽归大王，因此诸侯转而深恨大王，不助汉王攻楚，因此有睢水之败。齐、梁、燕、赵都准备起兵与大王争衡。弑逆之恶，古今都认为是第一大罪，如果项王一旦把这个罪名公告诸侯，天下会兵而来，大王尚且不知，而君王百姓都会把大王当成天下罪人，大王就是一家一户地去劝说，人们也不会相信了！大王凭什么立身于天地间呢？"

英布一听，起立北指大骂："江中弑义帝，实是项羽主谋，我不过是执行他的命令而已。如今却把这等恶名加在我的头上，让我一个人去遭受万世人的讥诮！"

随何急忙劝阻说："大王不要生气，唯恐左右之人闻听，传入彭城，项王必加罪责。"

英布说："我曾经常常思量，杀子婴，掘皇陵，弑义帝，这三件事都是项王之命，但是心中时常负疚不已，要是有朝一日，天下诸侯以此为借口，我怎么去辩白？哪知今日项王却把这些罪恶都归于我的头上，我就是用尽长江之水、南山之竹，谁人又能明白我的内心呢？"

随何说："大王要想表明心迹，这也不难，只要同心协力支持汉王，合兵伐楚，申讨项王之罪，清浊自然分明。如果像现在这样坐守九

江，等到诸侯合兵讨罪，大王现今又是楚臣，真是百口难辩。以我愚见，不若归附汉王，让天下诸侯尽知，项王乃弑杀义帝主凶，大王为洗恶名，已经有了讨贼之举，这才是长治久安之策。如今形势，楚已经不如汉。大王不归顺万全之汉，而依附危亡之楚，恐智者不取。"

英布进前附身说："我近日与楚有隙，也准备洗此不白之冤。我也知汉王为长者，实有心从之。先生少待几日，当计议与先生同行。"

英布与随何正在密谋，左右传报楚使送项王诏书到。

英布叫随何进内室，忙接诏。诏书说：

九江王英布，偷安自逸，楚兵伐齐，装病不起；睢水会战，坐观胜负。朕劳师疲士，久无一言相慰，实失君臣之礼……会兵伐汉，星夜前来，毋误！

英布看完诏书，沉吟良久不语。

随何从内室走出，对楚使者说："九江王已经归附汉王，哪有发兵助楚之理？"

楚使者惊问："你是何人？"

随何说："我是汉使随何，已与九江王约定同心伐楚，为义帝发丧，共诛暴逆，你尚不知进退？"

楚使看到英布不说话，又听到随何之言，知道事情发生重大变故，急欲下阶逃走。

随何说："从项王诏书上看，已有杀大王之意，企图杀大王以灭天下人之口，使弑义帝的罪恶，全部推到大王身上！大王应该立即斩杀楚使，表示助汉攻楚的明确态度！"

英布大怒，立斩楚使，扯碎诏书，起兵攻楚。项羽令项庄、龙且攻打英布。龙且击败英布军。英布准备带兵归依汉王，但怕目标太大，被项兵追杀，所以与随何从小路赶到荥阳。

随何带着英布去见汉王刘邦。刘邦踞在床上洗脚，召他入见。

英布见此，懊悔不已，退出之后，与随何说："我被你骗来依附汉王，我是一国王爵，相见之际，一点儿礼节都没有，让我进退两难。不如自尽，以惩罚我的不智。"

随何忙制止说："汉王醉酒未醒，过一会儿相见，自有特殊待遇，大王千万不要性急。"

随何把英布介绍给张良、陈平，各自都有专门房舍，帷帐器用极其齐全，饭食供给与汉王一般无二。英布又大喜。少间，文武大臣一起陪英布进见汉王。汉王礼义谦恭，态度亲近，君臣之间，毫无嫌疑。

英布自思："汉王的确是忠厚长者，刚才差点自误。"

从此，英布在刘邦手下，大仗小仗，出生入死。汉四年七月，刘邦立英布为淮南王，英布也算功成圆满。

这就是随何劝说英布的过程，可谓一波三折，惊心动魄，英布能弃项羽而归刘邦，随何实在功不可没。

刘邦身边群星灿烂，着实叫人称羡。即使一个名不见经传的随何，都有十分精彩的故事。刘邦的天下不是自己打出来的，而是手下群雄各展其能，打下来的。而谋士一颗脑袋，儒生一张嘴，有时候真可抵百万雄兵。

我们先将随何的功劳放在一边，来看一下刘邦选人的方法，在前面的众多大将名臣中，或者是刘邦精挑细选，或者是刘邦经意测试，全部都体现着刘邦选人的智慧。到了随何这里，倒是个"骂"出来的贤才。不能否认，刘邦对于儒生确实存在着偏见，但他也意识到，在儒生中，存在"腐儒"，但是也有一些胸怀大才，能言善辩的谋士，只是如何发

现他们，是个问题。于是在关键时刻，用人无着的时刻，刘邦灵机一动，想出了一个激将法。

中国有句俗话，请将不如激将。一个成功的领导，善于用语言和行动来激发下属的热情和信心、勇气和决心。作为一种用人的技巧，这其中包含着一些需要注意的地方。激将法可以从以下几个方面入手：首先，可以激发属下的责任意识，让他们认识到这些事情是属于他们的责任；其次，可以激发属下的英雄气概，让下属斗志昂扬，展现出万丈豪情；还可以挑拨属下的自尊心，自尊心强的属下最容易被激将法所鼓舞，效果也会最好。可以看出，刘邦在启用随何时，就同时用到了以上三点，最终激发了何，成功解决了问题。

这在我们现代人来看也是有很重要的意义的，在现实生活中，一些有能力的人并不急于表现自己，因而在平时我们没办法很准确地发现他们。所以对于人才的选拔，有时候也要靠激将法，把人才激一激，让他自己主动跳出来。

第四章

刘邦对你说 管理之道

　　管理在我们的生活中有着非常重要的作用，大到国家治理，小到个人发展，都离不开管理。对于国家，一切的日常事务，都需要管理；对于个人，生活中组织做事，也离不开统一的管理。好的管理能够将所有组织的能力都正常发挥出来，将所有能够支配的资源进行统筹安排、优化配置，达到最大化的利用，从而获取发展和成功。

优化资源　重在管理

　　管理的重要作用，就是优化自己掌握的资源，充分发挥出他们的潜力；意识自己能够得到发展。管理者面对着各种情况，有发展之初，资源贫乏的情况；有竞争激烈，处于劣势的情况。这时将资源进行合理优化的管理，可以帮助我们渡过难关。我们一起来看一下刘邦在优化资源、重在管理方面的合理运用。

　　经过一番酣战后，刘邦最终战胜了项羽，获得了天下，建立了大汉王朝。但是，如何管理这份庞大的家业呢？这显然成了摆在刘邦面前的一道难题。秦朝推行中央集权的郡县制，结果二世而亡；项羽分封天下，数年而灭，这都是刘邦所亲眼见到的。看来要打理好这份庞大的家业，刘邦还得动一番脑筋，比如，如何对帝国进行分区管理，采取哪些措施加强皇权，如何对待功臣宿将，如何处理与匈奴及南越的关系……这一切，都考验着刘邦。

　　经过秦末农民大起义和楚汉相争，连年的战争破坏，使人口大量锐减，土地大量荒芜，政治、经济秩序遭到严重破坏，社会生产无法正常进行。在刘邦刚刚建立西汉王朝时，社会满目疮痍，一片凋敝之景。当时的人，死的死，逃的逃，人口只有秦代的十分之二三。身为皇帝的刘邦，要想找四匹同颜色的马来拉他的车都办不到，将相只能乘坐牛车。而广大的人民群众，大多是三餐不继，更谈不上有什么积蓄和储备了。

刘邦建立的汉王朝，第一要务当然是尽快安定社会的政治经济秩序，迅速恢复社会的生产活动，医治社会战争创伤。否则汉王朝就会失去统治基础，就会连片刻的安宁都难以维持。

称帝后不久，刘邦立即颁布了一系列政策法令。这些法令的出台，基本目的是：全力医治战争创伤。

比如著名的罢兵赐复诏书规定：军队士兵全部复员各自回家。凡跟随刘邦打天下的原山东六国地区的士兵，愿意复员后留在关中地区的，可以享受12年不服徭役的优待。不留在关中地区、回到自己家乡的复员士兵，则可享受6年不服徭役的优待。

在战争中有许多老百姓为逃避兵祸，逃亡到山林之中聚众自保，所以没有在国家的户籍中登记。现在天下已定，新出台的法令命令他们回到原县，恢复他们原有的土地、房产、爵位。地方官吏一定要向他们宣讲政策、法令，不得侮辱和伤害他们。

如果有在战争中，因贫困、饥饿而自卖为奴隶的人，一律恢复自由身份。

对秦时的地主贵族，刘邦政权不但使他们优先获得田宅，还给他们若干户租税封赏。这些人便成了新形成的军功地主，成了汉王朝的主要支柱。这一措施，是对旧的封建势力的扶植，它对全面恢复封建秩序自然很有好处。

刘邦的这道罢兵赐复诏书，使得几十万跟随他打天下的将士，一朝解甲归田，并享受免役的待遇。获得爵位，并对具有七级公大夫爵位以上者，给予列候才能享受到的食邑待遇。这就为新生的汉王朝建立了一个新军功地主阶层，这一阶层成为汉王朝的社会基础与骨干力量；他们

对于汉朝政权的巩固和经济的发展产生了很大影响。

诏书又说："公大夫、公乘以上，都是高级爵位，跟随我打天下的将士们，许多人都具有高级爵位。因此，我曾经多次命令办事的官吏们，应优先给予这些人土地和房屋，落实他们应该享受的待遇。由于高级军爵和享受食封的人，都是我皇帝所尊重和应该给予礼遇的人。可他们却长时间得不到他们应该享受的待遇，这是很不应该发生的事情。

在秦王朝统治时，老百姓凡是具有公大夫以上爵位的人，都可以与县令平起平坐，很受尊重。我现在对爵位也没有轻视，论功赏赐土地和房屋，这是明文规定的法律，可是，那些没有跟随我打天下的小官吏们却占有了不少土地和房屋，而真正立有军功的人却得不到他们应该享有的财产。这种背公立私的行为与现象之所以会产生，是由于地方上的郡守、郡尉和县令、县长都没有好好教导他们的部下。从今以后，一定要命令所有的官吏们好好对待具有高爵的人，让我满意。经查实，凡不按我诏书的规定行事的官吏，一律严惩不贷。"

除了罢兵赐复，因饥饿自卖为奴婢的人，也要一律免为庶人。农民为了生存而自卖为奴婢，实在是逼不得已，他们的处境是十分痛苦的。这样做，就是把若干劳作在生产第一线的农民变为富人、贵族的家奴，这就直接减少了农业劳动力。因此，汉王朝规定："民以饥饿自卖为奴婢者，皆免为庶人。"这样就使汉王朝得到大量劳动力，更增加了汉王朝徭赋的收益。

从历史角度讲，把因为饥饿而自卖为奴婢的人释放为自由人，这是一种历史的进步，当然会得到人们的赞同。

刘邦一纸诏书，解放了几十万劳动力，并且让这些人得到了免役的待遇，又得到了爵位，不但在经济上有了保障，而且在政治上也有了地位，这又形成一个新的地主阶层，而且成为汉王朝最为忠诚的拥护者。而且，他们有土地和房屋，在和平时代可以生产，为国家创造物质财富，一旦到了战时，他们为了维护自己的利益，就会自觉地站到国家的立场上来，竭力保护国家及自己的既得利益。

诏书对战争以前一般官吏的政治地位、经济状况均加以承认，并对跟随刘邦打天下的将士们，给予种种优待。可以说，除极少数刘邦的敌对分子外，社会上的绝大多数人，都从这道诏书中得到了利益，这道诏书确实具有安定天下、与民更始的政治作用。它对于稳定社会秩序，医治战争创伤，都产生了不可估量的巨大作用和影响。

刘邦称帝后，几乎每年都颁布大赦令，赦免罪犯。

汉高祖原庙

汉高祖五年（公元前202年），刘邦在登基前就赦免了死刑以下的罪犯。登基后的6月，又颁布了一次大赦令。六年的12月，又因逮捕了楚王韩信，发布了大赦令。八年8月，又颁布赦令，赦免官吏中犯罪而没有被发觉的人。九年正月的丙寅日，赦免死刑以下的罪人。十年秋7月，因刘邦的父亲逝世，刘邦赦免栎阳狱中死罪以下的罪犯。9月，又因代国陈豨

叛乱，刘邦下令赦免跟随陈豨造反而能弃暗投明的官吏和百姓的罪行。十一年，因平定陈豨叛乱，立子刘恒为代王而大赦天下。后又由于英布造反，而赦免天下的罪犯。

这样频繁地颁布赦令，一方面为新生的汉王朝营造了一个政治上宽松的氛围，另一方面也使许多罪犯免除了牢狱之灾、肉刑之苦，还使他们中一些人的家属免于做政府的奴婢。这些人无疑都会参加生产活动。所以，刘邦赦免罪犯的举动，不但可以在政治上收买民心，而且还会起到促进经济发展的作用。

经济方面，刘邦注重农业，鼓励复员士兵从事生产。农业要发展，土地是关键。为了使弃耕的土地得以重新利用，刘邦在楚汉战争时期，就命令开放过去秦王朝的苑囿园地，允许无地或少地的农民垦殖。他称帝之后，进一步落实"以军功行田宅"的政策，按军功的大小和爵位的高低，赏赐给从军吏卒数量不等的土地，使他们成为自耕农或中小地主。

刘邦为了调动了生产者的积极性，还采用轻徭薄赋的政策。在汉朝建立时，徭役制度基本沿用秦朝制度，但在真正执行时却不再那么苛刻。秦代法定男子的服役年龄段是15~60岁，但秦统治者并没有按法律规定办事，而是为了自我享乐，大兴土木，建设豪华宫殿，所以在征兵时还任意改变服役年龄段，但往往是超出的。而刘邦却做出了相应调整，他把服役年龄缩减为23~56岁，并且对服役的时间也作了严格规定：每年在本地服役一个月，称"更卒"，主要的任务是筑城、修垒或其他劳动；每人都要到边疆戍守一年，称"屯戍"；到京城服务一年，称"正卒"。一般情况下都会按规定执行，如果条件允许，还会适当予以减免。由于刘邦爱惜民力，尽力减轻人民负担，极大地促进了经济的恢复与发展。

刘邦还注意吸纳各方面的人才，帮助他治理天下。他曾在汉高祖十一年二月下诏说："周文王是王者的榜样，齐桓公是霸主的榜样，他们之所以能成就功业，那是因为他们都能得到了贤人的辅佐。现在天下的贤人、能人难道还不如古代吗？主要的原因还在于人主不愿意主动结交他们，使他们无法脱颖而出施展才华。现今，我仰仗上天的保佑和贤士大夫的辅佐取得了天下，使四海之内成为一家。我希望这种局面能长久地保持下去，子孙们能够世世代代保有江山社稷，永不断绝。既然贤能的人已和我共同夺取了天下，我希望他们和我共同努力来安定天下、共享长久之利。所以，凡是愿意和我共同治理天下的贤能人士，我将使他们尊贵。这个诏书要布告天下，使天下的人都能明白我的用意。此诏书由御史大夫周昌下达给相国萧何，相国萧何下达给各诸侯王。御史执法下达给各郡郡守。凡在自己政区的贤能人士，郡守必须亲自上门劝勉，让他们为国家服务，为他们安排好车马，到京城的相匡府登记。凡是在自己的政区内有贤能之士，而地方官不向中央申报，如果被查实，就免去其地方官职务。只有这些贤能之士年老或有疾病，才可以不将他们遣送到中央来。"

为鼓励人口的增长，刘邦还颁布了一项诏令：老百姓凡生儿育女的，可享受两年不服徭役的待遇。

怎样处理好农业生产和工商业的关系，一直是中国封建社会的一个重要问题。战国以来，弃农从商的情况相当严重，它对封建社会的基础产业——农业，起着瓦解和破坏作用，秦始皇时便加以限制。西汉初年，随着社会生产的恢复，商人经济势力又有膨胀，投入农业的人就相应减少。并且商人"以末致财，用本守之"，即用经营商业和高利贷赚

取的大量金钱来兼并土地，造成大量农民与土地的脱离。这既危及封建的经济基础，又不利于社会的稳定。另外，不少商人还挖空心思扰乱物价和金融体系。

汉初国家力量有限，允许民间铸钱。奸商们铸钱时掺杂铅铁，滥造钱币。他们还利用荒年或战乱，低买高卖，囤积居奇，更是加重了农民的负担。所以，汉初实施压抑商贾的政策，规定对从事工商业的人另立户籍，称为"市籍"。拥有市籍的人在政治和社会地位上受很多限制。例如：汉八年三月，高祖刘邦下令："商人不得穿丝织的衣服，不能携带武器，不能乘车骑马；本人及子孙不能担任官职；在经济上要加倍征收算赋，所雇用奴婢的算赋，也由主人交纳。"

刘邦的轻徭薄赋政策，为后来的吕后、文帝、景帝所继承；刘邦的赦免罪犯政策，后来演变成汉文帝尚德缓刑的治国方针。正是刘邦的这一系列政策的颁布和实施，奠定了汉代文景之治的基础。

班固在《汉书·汉高帝纪》中说，刘邦称帝后，"虽日不暇给，规摹弘远矣"，即是说刘邦虽然在称帝后，一直忙于镇压各地的异姓诸侯王，几乎没有过一天安定舒适的太平日子，他念念不忘国家的长治久安，制定了一系列影响深远的方针政策。

一系列法律的制订和解放劳动力措施的实行，战争年代那种"千里荒地无人耕"的局面得到了改善。那些从军队、奴婢、监狱中解放出来的劳动力，大多加入到了农民的队伍中。社会生产逐步恢复，社会秩序也渐渐稳定下来。此时的汉朝，就算有人想造反，也不会有人响应了。

一道罢兵赐复诏书，及轻徭薄赋等一系列政策，都是事关国计民生的大计。恢复社会秩序，发展农业生产，解决民众生计，以求天下长治

久安。刘邦执政不久，就能提出这些有效的治国方略，不愧为一代明主。

国泰民安、政权稳固是每一个君主追求的目标，只有人民安居乐业，国家政权才能巩固，经济才能繁荣昌盛。人民长期处于水深火热之中，国家就危在旦夕。秦王朝灭亡的历史教训是深刻的。

刘邦

面对种种困难的局面，管理者要充分运用自己的管理手段，将自己能够调动的资源充分调动起来，并进行资源的优化配置。正所谓好钢用在刀刃上，通过管理，切实将自己的资源优化使用，达到最大效益，这就是管理者管理的作用。

刘邦的管理可谓十分到位，何为管理？管理是指通过计划、组织、领导、控制及创新等手段，结合人力、物力、财力、信息等资源，以其高效达到组织目标的过程。管理的目的，就是要让所有资源都达到最大的优势。

刘邦在打下天下之后面临着一系列的问题，首先最重要的问题是巩固政权，恢复生产，提高国力。这些就要用到管理。

首先是将人力资源优化，刘邦认识到，连年的战争消耗了大量从事生产的劳动力，这在封建社会以人力为主要劳动力的时期，是一个严峻的问题。这时，刘邦的措施很正确，首先，他将军队复员，这一方面增加了社会劳动力，另一方面减少了军队数量，有利于社会的稳定。他还将那些因为战乱而变相损失的劳动力——遁入山林的人，也全部赦免。

这所达到的效果和复员士兵达到的效果是一样的，在增加劳动力的同时，促进了社会的稳定。加上广纳贤才，使得刘邦管理下的人力资源得到了充分的发挥。

其次是实行轻徭薄赋，这将社会财富最大化的用于了社会生产。轻徭薄赋意味着减轻农民生活负担，虽然这在一定程度上意味着国家政府财富的减少，但是这种藏富于民的措施，使得大汉朝的经济实力空前强大。这使得刘邦统治下的物力资源得到了最大发挥。

最后刘邦采取重农抑商的政策，这使得商人囤积居奇受到打击，而努力耕织的劳动受到鼓励。在汉朝初建的时候，生产水平还较低，物力不丰。商人的做法很大程度上不利于社会的稳定，所以要对钱粮的流通加以管理。该措施使得财力资源也得到了最大限度的发挥。

在现实社会中，面对种种错综复杂的情况，我们现代人也要向刘邦学习，通过管理的措施，将自己能够调动的一切资源调动起来，进行优化资源配置，以使资源得到最大化、最优化、最合理的使用。

制定制度　规范管理

任何一种管理，都不能脱离制度而单独存在。正所谓：不以规矩不能成方圆。没有统一的制度，就没有规范化的管理，管理不规范，不统一，就不能很好的求得发展，甚至会带来严重的后果，管理者一定要注意。我们不妨来看一下刘邦在这方面是怎样做的。

刘邦出身门第不高，本来就不讲究繁文缛节，加上追随他的那些文臣武将大多数出身也不高，所以，平常彼此之间相处比较随便，直接的感情更重于礼节。在刘邦博弈天下的过程中，他与下属之间的相处是比较随便的，并不注重什么礼节。进入关中后，刘邦所做的第一件事情就是废除秦朝的苛严法令，一切以简易为主。

当然，这种大大咧咧的作风，在战争年代对于凝聚人心，争取大家的好感是很有帮助的。但是，天下一统后，帝国上下必须要形成井然有序的秩序，君臣之间再这样随随便便相处，肯定是行不通的。

刘邦登基做了皇帝后，那些功臣武将还是和以前一样，并没有什么尊卑等级的观念，他们在刘邦面前动作粗野，在争功时，彼此闹得脸红耳赤，甚至在大殿上也是如此。尤其是那些心里比较不平的功臣，常常借酒浇愁，醉了便大声吆喝，拔剑击柱，弄得朝廷上下鸡犬不宁。

这种不讲究礼节的场面，使一向大而化之的刘邦也有些接受不了。但是，他又不好呵斥功臣，于是经常有意无意地逃避上朝，影响了朝廷事务的处理。

看到这样的情形，丞相萧何便推荐鲁国儒生叔孙通前来制定礼仪。不过，礼仪却是刘邦最不喜欢的事。

叔孙通拜见刘邦后，向刘邦进言说："儒生虽在进取方面的力量有所不足，不适合于乱世，却颇有利于守成，擅长在和平时期凝聚各种力量为朝廷效力。如蒙皇上恩准，微臣将征调鲁国的儒生，配合微臣的弟子们，共同来拟定朝廷礼仪。"

刘邦说："这样做是不是太麻烦了？"

叔孙通说："五帝和夏商周三王在礼乐仪式上，都有很大的不同，礼仪是因时事和人情的需要而制定的，可繁可简。微臣认为，可以采用较为简单的古礼，抛弃秦朝那套繁文缛节。"

刘邦见叔孙通说得不是那么麻烦，便对他说："可以试试看，但要尽量简单，要考虑我能够做到！"

于是，叔孙通便征调鲁国的儒生30余人，配合数位有经验的朝廷礼仪官员，再加上弟子数百人，西入关中，先在野外设营帐，专门研究和制定朝廷的仪式。不久，一套完备的朝廷礼仪就形成了。

两个月后，新建的长乐宫落成，诸侯和群臣前往举行朝贺仪式。

所有的仪式都很有讲究，例如在朝贺仪式上，诸侯、大臣、将领们都要事先在宫门外等候。他们通过宫廷里的侍从人员，根据提前安排好的位置，依次引入，东、西排列。而中郎执戟侍卫和侍卫的郎中，则分阵林立于宫廷中。他们身着铠甲，手持兵器，从殿门到皇帝主殿间，共有数百人，人人表情严肃，气氛紧张。

功臣、列侯、诸将军、军吏依次排于西方，面向东方。而文官由丞相率领，依官职高低排列于东边，面向西方。

接下来，司仪官宣告皇帝辇车出房，所以诸侯王以下至六百石官吏，都依次序逐一奉贺。

在仪式过程中，每一个在场之人都为礼仪之庄严而心有余悸。

朝礼结束后，摆设酒宴，从礼节上来说，任何人不能喝醉。在殿上，按照尊卑秩序，诸侯百官先低头敬礼，再仰头行祝酒礼，然后逐一向皇帝敬酒。

每人只能喝九杯，侍从官便宣布罢酒。这时，御史按照章法作评判，如果有动作违背礼法的人，就会命令其离去。在君臣置酒这一天内，任何人都不敢喧哗失礼，与以往的酗酒滋事大为不同。

刘邦很是感慨，当众说："我到现在才真正明白身为皇帝是何等尊贵啊！"

于是，刘邦任命叔孙通为奉常，掌宗庙礼仪，并赐金（指铜）500斤。此后，叔孙通又向刘邦建议说："诸弟子跟随我很久了，对礼仪颇为熟悉，这次的仪典也有不少是他们共同设计的，愿陛下赐他们以官职。"

刘邦又将所有儒生都封为郎官，负责朝廷礼仪。

为了彰显皇威，萧何还奏请修建了长安城主殿——未央宫。未央宫在长安城西南隅，周边长达二十八里，和东南的长乐宫并立。宫殿南向，但上书、奏事、谒见者均由北阙进入，而且公车、司马等皇帝御用交通工具也停留在北阙附近。这样，北阙成为了正门。只有东阙，可联系丞相府。北阙名为玄武，东阙名为苍龙，都极为壮观华丽。前殿（皇帝办公位置）、武库（武器储存室）、太仓（粮储存室）均极为豪华。

刘邦看了之后，不以为然，并埋怨萧何说："多年的战乱，已经严重影响生产，臣民都过着痛苦的生活。我虽然尽全力去经营、去改变现状，但结果如何尚不可知，为什么要花费这么多钱财，来建设如此富丽堂皇的宫殿呢？"

萧何从容作答："正因为天下尚不稳定，皇权有被动摇的危险，所以更需要通过宏伟的宫殿来象征天子的威仪！天子之所以为众人所膜拜，正是因为天子以四海为家，统治天下，只有宏伟、壮丽的宫殿才能代表天子的尊贵和权威！况且，如果开国皇帝一次就把宫殿的规模拟定好，后代必然存有敬畏之心，不会随便增建。"

刘邦听了，觉得有道理，高高兴兴地接受了未央宫的规划。

为了巩固皇威，刘邦还尊父亲太公为太上皇，通过尊重父亲来教育大臣和百姓遵循礼法，尊重长辈，效忠君主。这样，就能够在人们心目中树立忠孝观念，以便从思想上巩固皇权。

通过制定和实施一系列的措施，刘邦逐渐改变了以前大而化之的习惯，强化了皇权，树立了皇威，那些和他一起出生入死的功臣宿将再也不敢像以前那样随便和放肆了，天下老百姓普遍都提倡忠孝观念，汉王朝的统治逐渐趋于稳定。

制度是每一个管理者必须要制定的，并且管理者要带头遵守执行。只有这样，管理者才能树立权威，管理才能规范化，才能出效益。

刘邦的性格一向比较豁达，为人处世比较随和，一向讨厌那些繁文缛节。但是，当他登上皇位以后，面对和他一起出生入死却不知礼法的功臣宿将，他感到汉王朝的管理正面临着严峻的困难。以强制的力量刹住他们的威风吗？这显然有伤和气，而且会授世人以柄，说他忘恩负义，心里容不得人。于是，经过慎重考虑，他接受了丞相萧何的建议，让叔孙通制定汉朝礼仪。以儒家礼仪和忠孝思想来规范和约束天下臣民，并亲自带头实施。这样一来，上行下效，大臣们懂礼仪、讲规矩了，老百姓以孝悌相劝勉，上下和睦，井然有序，汉王朝渐渐向盛世王朝迈进。

纵观古今中外成功人士的成功经验，他们管理的成功之处，无疑不是具备了整齐的制度，管理规范而统一。他们确立统一而明确的制度，来保障管理的实施。一个有效的、合理的、适合团队发展的管理制度能规范团队成员行为，提高团队成员的工作效率和质量，形成一种良好的管理效果。

当今社会的竞争中，管理者在管理过程中，同样需要建立一种规范的制度，通过规范的管理约束被管理者，从而迈向成功。

"不善将兵善将将"

指挥千军万马的人只能做优秀的将军，指挥几十位将军的人只能做一位优秀的元帅，指挥优秀元帅的人则能做为一名优秀的统治者。作为管理者，就是要培养锻炼员工，做指挥一人的人。在历代统治者中，刘邦堪称这方面的典范。

刘邦看起来很粗野，与农村里面那种平常人没有什么区别，可是他却有一种长者风度，善于听从别人的建议。与其说他靠运气，倒不如说他善于用人。任何人都不可能是全才，而刘邦就是"不善将兵善将将"的真正帅才。

项羽的错，不是一次，而是无数次，但是其实质就是没有弄清楚谁是真正的朋友，谁是真正的敌人。项羽看不清楚，可以理解；范增看清楚了，但是项羽不听——项羽的可悲就在这里。他不断失去人心，刚愎自用，不听劝告，不善用人，还缺乏老谋深算。而"不善将兵善将将"的刘邦收买人心的同时，还能对别人合理化的建议欣然接受。因此，在他身边始终有一群足智多谋、能征惯战、忠心耿耿的文臣武将围绕在他左右。所以说，这正是庸人与王者的明显差别。

汉五年（公元前202年）五月，刘邦在定陶称帝，在洛阳南宫置酒大宴群臣武将。

看着满朝的文武大臣，刘邦一时得意非凡，他突然心血来潮，在宴

会上遍告群臣说："列侯众将，你们有什么事情都不要隐瞒，尽管畅所欲言。你们都来说说，我为什么取得天下？项羽为什么失去了天下？"

高起、王陵两人说："项羽傲慢无礼，并且经常出口伤人，皇上仁慈爱人。但是皇上派人攻城略地，得到的土地都用来封赏功臣，与天下共同享受好处；而项羽妒贤嫉能，有功不赏，有贤能的人会受到怀疑，战胜了也不给人计功，得到的土地一个人独吞，所以他失去了天下。"

两人是否抛砖引玉，引诱刘邦加封他们，不得而知，但是刘邦用重赏去拉拢部下，这倒是事实。垓下决战之前，刘邦为了调韩信、彭越两人出兵破楚，诱以重赏，两人带兵前来，最终才打败了项羽。

但是刘邦并不满足这样的赞誉，他得意之下，忍不住也想夸耀自己几句，但又要显出些谦虚，于是说："你们两个人只知其一，不知其二。运筹帷幄之中，决胜千里之外，我不如张良；治理国家，安抚百姓，供给馈饷，粮道不绝，我不如萧何；指挥百万大军，攻无不克，战无不胜，我不如韩信。这三个人，都是人中豪杰，我能够加以重用，这就是我能够夺取天下的根本原因。项羽手下有一个范增也不能使用，所以他被我打得大败。"

这番言语真是棋高一着！当初韩信也说过类似的话，说刘邦不善用兵打仗，却善于选用能带兵打仗的人。

刘邦曾经跟韩信谈论将领们的才能，那时韩信刚被他由楚王贬为淮阴侯。韩信对众将士进行评价的时候，刘邦有意想刁难韩信，看他的笑话，就问韩信："像我，将军看能带多少兵？"

韩信是个聪明人，知道刘邦在刁难他，就说："皇上不过能带十万兵。"

刘邦又问："将军能带多少呢？"

韩信答："我带兵越多越好！"

刘邦狡猾，又玩起了无赖，说："你带兵越多越好，怎么到我手下做事？"

韩信自然机灵，轻轻拍了一下刘邦的马屁："皇上'不能将兵，而善将将'。"

韩信的话其实也不能说全是拍马之语，在一定程度上的确是说出了刘邦夺取天下的一大秘密。

刘邦大宴群臣时说的话，很明显是化用了韩信的意思。当然，也是在总结历史经验。他的这种说法，的确是亲身体会。

为刘邦打下江山的人才，除了张良、韩信、萧何、陈平之外，还有很多值得提及的人。这些人在不同的工作岗位上，都为大汉江山立下了汗马功劳。乱世重才轻德，刘邦本人虽然没有多么杰出的才能，但他的确很会用人。三教九流，他兼容并包，尽收囊中。

樊哙，以杀狗为职业，与刘邦是连襟，起事后，为刘邦重要武将，屡建战功，救驾鸿门，官封舞阳侯。

夏侯婴，沛县尉马车驾驶员，从刘邦起义，能征善战，发现韩信，跟着刘邦南征北战，曾救下太子刘盈和鲁元公主，刘邦称帝后，封侯，重操旧业，官至太仆，管理皇帝车驾。

周勃，以编席为职业，兼作吹鼓手，跟着大战多年，被刘邦封太尉，相当于国防部长，后来平定诸吕，安定汉朝。

英布，原是骊山刑徒，逃走后当了山大王，跟着项羽灭秦，作战勇敢，被封九江王，后来叛楚归汉，刘邦三大主将之一，被刘邦封为淮南王。

郦食其，高阳酒徒，"家贫落魄，好读书"（《汉书》语），投靠

刘邦以后，凭三寸不烂之舌，屡建奇功，后来被韩信争功所卖，被齐王田广烹杀。

曹参，秦时为狱官，跟着刘邦起事后，战功显赫，评功时为第二位，官封平阳侯。

周昌，秦时为泗水卒吏，跟着刘邦入关破秦，为人口吃，性格直率，不怕事，刘邦当皇帝后为刘邦管大印文书，后因刘邦宠爱儿子赵王如意，专拜他为赵相，封为汾阳侯。

叔孙通，在秦时为待诏博士，逃亡后投义帝，附刘邦，制定朝仪，为刘邦安定天下立下了汗马功劳，被拜为太常、太子太傅等职。

陆贾，儒生，与洛阳王申阳是老乡，一直跟着刘邦当谋士，刘邦称帝后，建议刘邦以儒学治天下，曾撰《新语》一书，为安定汉代天下发挥了很大作用。

随何，说客，曾策反英布归汉……

魏无知，曾推荐陈平……

郦商，郦食其之弟，劝谏吕后不要屠杀大臣……

张苍，通天文、数学，官拜丞相……

娄敬，士兵，劝刘邦定都关中，建议刘邦和番……

张耳，先后被项羽、刘邦封为赵王……

在刘邦手下做事的不乏奸人，但是刘邦就是有那么一种向心力，让他们每一个人都能在他刘邦的带领下前进！

刘邦没有多少能力，但刘邦的情商却十分了得——他似乎有一种天生的向心力，能团结很多人，并让他们都在统一的旗帜下发光发热。他手下人才济济，就是因为他兼收并蓄，来者不拒：杀狗的樊哙、赶马的夏侯婴、编席为生兼当吹鼓手的周勃、喝酒出了名的儒生郦食其、从项羽门下反水的陈平、英布、韩信、季布，秦国旧官员周昌、张苍、叔孙通，江中为盗的彭越……得人才者得天下！何况刘邦不仅有人才，还善于驾驭人才。

管理者就是这样，不用事事亲力亲为，他们只要抓住了关键问题，将自己手下的管理者管理好就可以了，其他的事情，只要下一级的管理者去操劳就够了。

中国电商领军人物，一手创建了阿里巴巴的马云，在互联网时代可以说是风云人物。但是值得注意的是，马云不懂电脑，不懂网络，甚至对软件、硬件一窍不通。马云曾说过自己对电脑的利用仅限于上网和收发邮件，并且说过"电脑打开我就特别烦，拷贝也不会弄，手机我也就是接打电话，短信都很少发。"至此可见，马云对于互联网的技术可谓一窍不通。

但是，马云很懂得管理。马云曾自信地说过，自己做互联网是撞上的，恰好当时有这么个机会，如果当时有个饭店让他开，他也会去。并且如果上海一家饭店交给他管理，他照样也可以把它做成最好的饭店。不用亲力亲为，只要施行有效的管理，"不善将兵善将将"，这就是管理者的成功之道。

诸葛亮可谓是被中国人推崇的智者，但是诸葛亮却不是一个成功的管理者。在刘备白帝城托孤之后，诸葛亮行使着实际的管理权，但是他做事事必躬亲，甚至管理到达了最细小的地方，史称："罚二十以上，皆亲揽焉"。如此事无巨细，将一个智者活活累死了。

现代社会，竞争更加激烈，所涉及的领域也更多，更复杂，管理者想要将每一个"兵"管好是不可能的，所以就要善于管理那些"将"，以将将兵，将自己解脱出来处理宏观大事。领导要有一定的艺术性，优

秀的管理者要善于发现、培养能指挥千军万马的将军、能指挥几十位将军的元帅，自己做指挥一人的人，这才是用人管人的最高境界。

掌控权力　　强干弱枝

在管理的过程中，针对权力，管理者有两种方式可以选择，一是专制，二是制衡。但是无论是哪一种管理方法，都要注意的一点是：关键性的权力，要牢牢掌控在管理者手中，为了防止下属权力过大，影响管理实施，管理者就要做到强干弱枝，掌控关键的、主要的权力。我们一起来看一下刘邦在这一方面是如何做的。

垓下之役，刘邦军的主力是韩信率领的30万齐国军队。项羽灭亡后，刘邦最担心的就是韩信。幸好韩信军队中的骑兵统帅灌婴和步兵统帅曹参都是刘邦的亲信，对韩信有很大的牵制作用。

战争结束后，刘邦下令各诸侯先返回自己的封地，等候进一步评定功劳和分封。因此，大家都在非常愉快的气氛下，班师凯旋回到了自己的封国。

此时，张良、陈平却建议刘邦率禁卫队伺机夺取韩信的兵权，以免日后产生祸患。他们认为，在灌婴、曹参的协助下，只要刘邦亲临韩信的军队，要制住韩信、夺取他的兵权并不困难。

刘邦认为有道理，便开始想办法夺取韩信的兵权。得知"韩信在返回齐国临淄前，准备先到齐国西南巡视，并暂驻营于定陶"的消息，刘邦便率禁卫军直奔定陶。他想借劳军的名义直接进入韩信的大营，夺得韩信指挥30万大军的令旗。

当时，灌婴、曹参均支持刘邦的做法。韩信见此，也不敢抗议，只保留直属军队的指挥权，其余的全部军权都很坦然地交给了刘邦。

刘邦向韩信承诺：分封他为楚王，齐国则另有分派。楚国远远大于齐国，而韩信又是楚国人，因此韩信很乐意地接受了。

由于刘邦宣称，这次行动旨在确立自己在诸侯中的领导地位，并不伤害韩信的权益，在实际中反而给韩信幅员更大的楚国，其他诸侯也并未引起恐慌。相反，他们认为刘邦的夺权行为是善意的，是必要的。

韩信的30万大军，虽已划归朝廷指挥，但是韩信拥有楚国，仍是刘邦之外军事势力最大的，而且韩信的军事才能刘邦望尘莫及。刘邦封他为楚王后，心里仍然视韩信为最大威胁，认为万一韩信狗急跳墙，其可怕程度丝毫不亚于项羽。

于是，刘邦来了个"敲山震虎"，从其他诸侯王开刀，逐步消除异姓诸侯王对自己的威胁。

燕王臧荼在楚汉相争中始终保持中立状态。臧荼的燕王是项羽封的，刘邦不过是承认既有的事实而已。在刘邦与项羽对峙的四年中，臧荼从未表示支持汉王。

臧荼认为，天高皇帝远，刘邦远在关中，鞭长莫及，于是有意独立，脱离中央政府的管辖。韩信从齐国迁调为楚王后，齐国一直未有新王，这让臧荼认为有可乘之机。7月，臧荼宣布不再奉侍汉王。

为了表示统一的决心，刘邦不畏路途遥远，决定御驾亲征。8月，赵王张耳和长沙王吴芮病故，其子继承王位，他们对汉王的忠诚度也大不如他们的父辈。

臧荼判断刘邦不可能派部队前来。他先强度关山，再让刘邦不得不承认事实。但是，刘邦却克服万难，亲率大军前来征讨。

燕军兵力不多，没多久便被汉军包围，臧荼只好投降。于是，刘邦以太尉长安侯卢绾为燕王。

韩信拥有楚国后，觉得楚国的地盘虽大，但是与固陵之约所说的"共分天下"还是有很大差异，心中自然有些不平。

到楚国后，韩信先巡抚诸县邑，并统合管辖楚境之军权，出入皆有部队相随，以防刘邦再度突击夺取军队指挥权。此外，韩信还收留了数败刘邦、让刘邦痛恨不已、在垓下之围后便失去行踪的原项羽手下悍将钟离昧。

刘邦很快就得知了这些消息，内心大为不快，便下令韩信逮捕钟离昧，亲自解送至京城审判。但是，韩信对刘邦的命令置之不理。

于是，追缉钟离昧的官员向刘邦告发，说韩信庇护重犯，有造反的意图。刘邦召见将领们商议，询问大家的意见。将领们多主张采取强硬措施，率领大军直逼楚国，擒捕韩信和钟离昧。但是，刘邦却有顾虑，一直低头不语。

由于官员告发韩信有意谋反的事情是秘密的，韩信本人并不知情，陈平便对刘邦说："自古以来天子常有巡狩、会诸侯的礼仪，以显示关心地方民情。如今，您可假装将赴云梦地区巡狩，并会诸侯于陈、楚之西界。韩信接到天子巡狩会诸侯的消息，会依礼仪以非武装的姿态前来会盟，只要韩信没有决战的准备，陛下便可轻易地擒捕他，这只要一个力士便可以做到了。"

刘邦对陈平的计策大为赞同，于是马上下令通知诸侯们，他将到云梦地区巡狩，并在陈地会诸侯。随即，刘邦就率禁卫军团出发了。而随行的将领也都有自己的军团跟随出行。

韩信听说之后，将信将疑，因为钟离昧一事尚未调查清楚，而刘邦却带领诸侯来巡狩，而且要与自己在陈地见面，他到底是什么目的呢？如果在此时举兵反叛，定被围剿，不管结果如何，但绝对不是出自韩信的本意。

有人向韩信建议说："只要杀死钟离昧，向皇上表示您的忠诚，皇上就不会为难你了。"

韩信觉得有道理，于是就和钟离昧商量。虽然钟离昧并不认为这样做能解除韩信的危难，但也不忍心因为此事而牵连韩信及楚国军民，只得自杀身死。

刘邦于12月在陈地会诸侯，此时，韩信带着钟离昧首级前往谒见。但刘邦仍然下令逮捕韩信。韩信因觉得自己无罪，所以反抗刘邦。随后，刘邦就把调查官员的控诉书，宣读给韩信和众诸侯看。韩信无言以对。

于是，刘邦就下令擒住韩信，载于军队后，返回洛阳。回长安后，刘邦下令大赦天下，贬韩信为淮阴侯。

刘邦对于部下的态度，大有飞鸟尽良弓藏，狡兔死走狗烹的味道，但是我们不能只是对这种手段进行一味批判，我们更应该学习刘邦这种集权的思维模式。

刘邦在与项羽博弈天下时，充分信任部将，尤其是韩信，将军队指挥权委托给他，让他独当一面，在创建汉帝国的过程中，是非常必要的。而当刘邦战胜项羽、建立汉帝国后，他面临的首要任务是稳定局势。俗话说：稳定压倒一切。稳定对于天下初定的政权来说，比什么都重要。而要确保天下的稳定，就必须牢牢地控制军权，限制和收缴那些

功臣宿将的兵权。如此一来，像韩信等手握重兵、能征善战的将领自然首当其冲地成了刘邦要制服的对象。

刘邦对将领的不断削弱，体现了我国一贯的强干弱枝，一人集权的思维模式。强干弱枝的思想体系到宋朝才真正形成，但是对于其思维的运用却早已存在。刘邦对于这种思维的运用是很成功的。首先他分封与郡县并举，将天下布置成一种相互制约的状况，《史记·汉兴以来诸侯王年表序》曾记载："而汉郡八九十，形错诸侯间，犬牙相临，秉其厄塞地利，强本干弱枝叶之势，尊卑明而万事各得其所矣。"

刘邦对各个将领的削弱也可以说是成功的，他将诸侯逐渐削弱，直到替换为自己的亲信。对于韩信，刘邦可以说用尽了计策，先从齐王平调为楚王，然后借机贬为淮阴侯，并将其软禁在京城之中，最终在刘邦的默许之下，韩信被吕后杀害。至此，刘邦的心腹大患终于除去，刘邦的权力也更加集中。

强干弱枝思想系统的提出和实施，一直到后来的宋太祖赵匡胤时期。但是这种思想的源流，却早就产生了，历代君王为了自己的统治地位，都会运用这种思想，其具体做法就是，削弱下属的权力，将关键性的权力掌控在自己手中。只有这样，才能保持自己的统治地位，从而使自己的管理能够有效地保持下去。

现代社会的一些团队中，权利不够集中，造成分权严重，各部门各自为战，直接影响到团队发展的大局，这些是管理者不懂得集权造成的。在团队管理中一定要权责明确，确立领导的有效领导和管理，刘邦的做法可以给我们很大的启示。

提早预防潜在威胁

在个人成功或者企业发展的道路上，总会有一些被人忽视的问题，这些问题逐渐积累，到最后成为一种难以逾越的鸿沟，这时候人们才发现，当时如果稍加注意就会清除掉这些小问题，也不至于发展到绝境。优秀的管理者，总能够提早做好准备，确立管理制度，对潜在威胁进行清除或者预防。

刘邦建立国家后，设了八个异姓诸侯，当时诸臣对他比较忠心。但时过境迁，自从卢绾反叛后，刘邦感觉自己身边可信的人越来越少，而此时吕后的势力却不断膨胀，这使他忧心如焚。

刘邦采用盟誓的方法分封同姓诸侯王，以确保刘姓的天下。他选择吉日举行召典，命令朝中文武群臣到祭祀刘氏祖先的太庙参加祭祀大典，吕后也接到命令一同参加。

祭祀的案几上供奉着牛、羊、猪三牲，旁边还拴着一匹活生生的小白马。庙堂里钟鼓声奏响，烟气弥漫。祭祀用的盛酒器皿里盛满了醇酒，还不时散发出阵阵香味。此时已是午时三刻，刘邦随手拈起了一炷香，继而走向供桌，挥起右手，大声喊道："刑白马！"早已在一侧待命的持刀武士瞬间将刀刺入白马腹中，只见鲜血从白马腹里喷涌而出。侍从赶紧用盛酒的坛子把白马血接了起来，文武群臣每人分别给一杯白马血，吕后也接到一杯。

刘邦第一个端起手中的血酒，认真地说："自今日起，非刘氏宗族的人，不能够封为王；没有建立战功的人，不能够封为侯。胆敢有违背誓言的人，不论地位高低，权力大小，天下一同诛讨！"说完，刘邦昂起头来，将血酒一饮而尽。紧接着，吕后也手捏住鼻子，屏住呼吸，一口将血酒喝下。文武群臣们此时也纷纷举着酒杯高喊道："诚领圣命，万死不辞！"之后，庄重地将血酒喝下。

大家心里明白。刘邦这样做是冲着吕后来的，皇帝和皇后争夺权力的斗争，已到了互不相容的地步。

祭祀盟誓完毕以后，刘邦近旁的一个侍从提醒他："吕后的妹妹是舞阳侯樊哙的妻子，照此看来，舞阳侯必是吕氏集团的人。如今他正手握重兵，领军讨燕未回，万一他趁陛下病危的时候，领军回朝，并帮助吕后肆意诛杀戚姬和他的儿子赵王如意，到那时该如何办？"

事实上，樊哙为刘邦手下的一员猛将，对刘邦忠心耿耿。项羽设鸿门宴，樊哙冒着生命危险，闯鸿门宴，救出刘邦；他作战英勇，平定三秦中功绩卓著，他攻取槐里（在今陕西省兴平县东南）、占有郿城（在今陕西省眉县东北）、水淹废丘（在今陕西省兴平县）、逼死了章邯；接着，又协助捉拿韩信，并灭掉陈豨，功绩显著。在史书上关于他的记载也很多，如说他"斩首百七十六级，虏二二百八十八人"，破灭敌军7支，攻取坚城5座，平定了6郡52个县，而且还抓获过敌国丞相一个，俘虏敌方将军12人，抓获敌军俸禄在300石至2000石的官吏就有11人，可见他的功劳之大。

更值得一提的是，樊哙为人率性直爽，并敢当着刘邦的面指出其错误。淮南王英布叛变朝廷的时候，告急的文书接踵而至。此时的刘邦却因为太子刘盈和吕后怄气，呆在深宫内院里不肯召见群臣。同时还命令守卫宫门的卫士不许放进一人，以防打扰到自己。群臣心急如焚，这个时候，又无人敢违背皇上的禁令。此时，樊哙却一声怒吼，挽起了衣袖，阔步向前，他推开了拦路的卫士，一人径直往刘邦所在的内宫走去。

内宫之中，刘邦枕着旁边的一个小太监。刘邦头枕着太监的腿，双眼未曾睁开，一个人正躺在龙床上呼呼打盹呢。樊哙走入内宫，声情并茂地劝说："陛下还记得当时沛县起义吗？我们南征北战，好不容易才夺取了天下，陛下当时那是何等威武，可现在……陛下不思进取、意气用事，我们作为臣子的，哪个看了不寒心啊！秦朝为何会灭亡？这才几年啊，陛下您这么快就忘了吗？"

樊哙言中了刘邦的要害，其言辞恳切更是催人泪下，刘邦听后，感慨颇深，猛地睁大了眼睛坐起身来。刘邦匆忙从龙榻上起来，径直走向金殿，开始与群臣商量如何征讨英布、消除叛乱的计划。

政治斗争是残酷的、无情的，充满了阴谋诡计，自古以来皆是如此。刘邦以为：虽然吕后心肠毒如蛇蝎，亦心狠手辣，但她毕竟是个女流之辈，没有领兵作战的能力，没有拥兵自立的危险。樊哙却是不可多得的将才，是一员猛将，虽然眼下忠于刘姓、忠于朝廷，但若以后起了反叛之心，和吕后同谋那又如何？现在相信他，还不如就此杀了樊哙，这样既断了吕后的左膀右臂，也消除了朝廷潜在的隐患，这才是朝廷稳定的大计。

因此，刘邦就把当时的谋士陈平和大将军周勃找来，命令他们找几个可靠之人，穿上便衣，用朝廷驿站的车马，昼夜奔走不停，必须追上樊哙，在军营中杀了樊哙，并让陈平把樊哙的头带回来，以为凭证。周勃则奉刘邦之令留在了燕国，来接替樊哙领兵。

陈平办事谨慎细致，深得皇上信任。此刻他在去杀樊哙的路上对周勃说道："樊哙乃皇上挚友，又是皇亲国戚，现在虽然圣上生气了，要杀掉樊哙。但万一只是气头上，以后后悔了怎么办？岂不拿我们是问？我们不如抓了樊哙带回朝廷，交由让皇上处理。"周勃非常赞同陈平的意见，认为很是在理。于是两人追上了樊哙，在远离军营的一个僻静之处，拿出圣旨，向樊哙宣读，并传达圣意。此时的樊哙却显得异常平静。他跪在地上朝向南方叩了两个头，并把兵符拿了出来，自己反背上双手，命令军士将自己捆缚起来，然后独自走进囚车，并让陈平把自己押送回京城，交由皇上处置。刘邦为保刘氏江山，"白马盟誓"牵制吕后，这倒是暂时起了作用，可惜的是，他殃及了对其忠贞不二的开国功臣樊哙，这难免引起其他忠臣的离心离德。宫廷的政治斗争，必将愈演愈烈。

无论是个人，还是团队、企业，甚至一个国家，管理者对于潜在威胁，都要提早预防。正所谓防微杜渐，对于那些不好的现象，如果不去预防，到了遏止不住的时候，就只能苦果自尝了。发现了这些隐患，管理者就要充分运用自己的管理手段，制定一些相应措施，以防止这些隐患不会发生，或者在发生时有相应的应对措施遏制发展势头。

吕后是刘邦的结发夫妻，在开始的时候，吕后也是一个非常贤惠的妻子，当年刘邦不事产业，苦苦支撑刘邦和孩子一家四口的，就是曾经的大家闺秀吕后。但是经历了多年的战乱，在战乱中的颠沛流离，见证了自己丈夫在战争岁月中为争夺天下而表现出的绝情和冷漠，尤其是在终于熬到了出头之日，刘邦竟然想用戚夫人来代替自己的地位，吕后的内心发生了巨大的变化。

一向以识人著称的刘邦，又怎么会察觉不到自己妻子的变化，对于这种变化，刘邦要采用一定的措施进行预防。在当时，吕后采用张良的计谋，以商山四皓辅佐太子刘盈，刘邦已经不能通过改立太子来削弱吕氏，因此，采取了白马盟誓的做法。

刘邦的一生中遇到过许多凶险，在辛苦创建了基业之后，必然不希望别人将自己的江山据为己有，于是对于这些存在的隐患，刘邦很早做了预防措施。不能否认，刘邦的预防措施都起到了效果，这在后来，吕氏为祸时诸侯王奋力辅佐刘氏的时候体现了出来。白马盟誓显示了刘邦的远见卓识，也让我们学到了预防潜在威胁的道理。

在现代社会，管理者同样要面对各种不同的问题，也总会有许多的威胁存在于我们的发展之路上，就好像战场上，马蹄铁丢掉的那个钉子，如果不注意，迟早会影响到大局。因此对于那些潜在威胁，一定要防微杜渐。

调整人才结构

现代社会的竞争，归根结底是人才的竞争。竞争中对人才的依赖越来越显著，一个团体自身的人才结构设置，关系到竞争的成败。合理优化现有人才结构，做好人才储备工作才能在发展中不断壮大自身实力，提升自身竞争力。

我们知道刘邦的身边什么样出身的谋士都有，但总体来说是武士多于文士，从当时的境况来看，刘邦需要会带兵打仗的人走在前线。再加上刘邦从小便对儒生的腐儒行为产生厌烦，因此，他对儒生都有一种

偏见，他还甚至对儒生做过过分的事情，把儒生的帽子拿下来当便盆，可见他是多么不喜欢和儒生打交道。然而，时势变化，凭借武力可以争夺土地和人民，可是武力仅仅能征服人民的身体，但是精神上却是征服不了的，要想征服人们的思想就必须用教育来管制。刘邦是一介文盲，说他文盲并不是说他不识一个字，而是在文化上没有多少见识，但是他却并没有因此而把自己的思想定格。他是不喜欢儒生，可是当需要他们的时候他还是很慷慨大方地任用的。刘邦深知武士不懂得礼仪，正如自己怎么也改不了既好色又贪酒的习惯一样。但是文人却不一样，他们在打仗上没有一点力气，也就是说手无缚鸡之力，然而在言辞上还是很讲究的，说话都很到位且懂得含蓄，不像樊哙在自己做了皇帝后说话还是满口粗语，让人一点威信都没有。因此，刘邦才留下了郦食其并多次派他去别人的集团游说，让对方归顺到自己的部下。刘邦很有眼力，懂得挑选人才，所以到他下面的文人即使是儒生，也很有个性，不同于一般人。像建议他迁都关中的娄敬，该穿什么衣服见刘邦就穿什么衣服，绝不改头换面。还有陆贾也是很有智谋地向刘邦进谏，这些儒生并没有带半点的腐儒气息。

陆贾是汉高祖手下的一名谋士，他的胆量尤其大。高祖定了天下，陆贾希望刘邦能够多关注一些文化上的东西，这样大家争权夺利所产生的悲剧或许会少一些。然而，刘邦是一个不喜欢听别人咬文嚼字的人。因此，陆贾知道应该把握住时机向他进谏。于是陆贾时常装着不经意间在刘邦面前谈论起诗书来，刘邦听了自然不大高兴。

有一次，陆贾又在刘邦面前谈论起了诗书，刘邦生气地骂道："我们都是在马背上得到天下的，谈论那些文绉绉的东西做什么？"

陆贾马上趁机说道："天下是可以在马背上得到的，然而，能在马背上治理天下吗？商汤、周武得天下是用武力，但却也用典章制度来守成啊！文武并用才是长久之术啊！以前吴王夫差、智伯、秦始皇都是过度依赖武力而灭亡的！如果秦朝在统一天下后，能够效法先圣，实行仁义，陛下安能有天下吗？"

刘邦听了心里有一丝惭愧，于是表示："请试着为我讲述一些秦之所以失天下，我之所以得天下，以及古今成败的道理吧！"

陆贾便简单地记录一些存亡的关键因素，共十二篇，每篇整理完毕后就向刘邦奏上。刘邦点头称许，并将陆贾整理出来的奏篇称为《新语》。

陆贾编著的《新语》不仅影响了刘邦当政时的局势，而且对今后的治国安邦也起到了很大的作用。

我们现代人的发展也是一样的，如果把一个只会用笔写不会用口说的人放在一个演讲家的位置，让他给大家做报告，那将会是一种多么可悲的场景。他一生会用文字表述，现在却用口来说，即使他心中有万言千语，性格使然也不会让他有半点表现，反而会显得他很木讷。因此，我们要学会取长补短，要懂得一个人有一个人的特长，而不是一个人可以做完所有的事情。

刘邦在开国打天下时，在乱世纷争中，要倚重能征善战的武将，靠他们的实力来为自己拼搏奋战。放到我们现代生活中，比如一个团队，在建立之初，需要那些有魄力，能够开拓的人，在他们的帮助下，才能够将自己的团队做大做强，并在与其他人的竞争中占据优势。

刘邦天下已定之后，开始采取的措施并不明智，他选择了马上治国，即马上得来的天下，要在马上治理。那些马上将领他们能够打天下，能够在百万军中纵横驰骋，但是对于如何稳定国家政权，让百姓安

居乐业，他们却无可奈何。刘邦在听取了儒生的建议后，深深认识到了这一点。于是他选择了用儒生来管理国家，虽然刘邦一直对儒生并不是十分喜欢，但是客观上，儒生一生所学，也正是治国安天下的本领，用他们来治理国家，也正是物尽其用、人尽其才。不同时期，选用不同人才，这就是我们现代生活中，一个人、一个团队、一个企业，在发展转型期的时候，对于将来的评估，需要不同的方案措施。

一个人面对转型期，就要发现下一步的方向，是要依靠什么来获得进一步发展，文则重文，武则重武，一定要确立将来的方案是在正确的方向上。

一个团队，或者企业，在面临转型期的时候，就要善于发现未来的情况，开拓型人才不可放弃，但是在团队或企业已经发展到一定高度的时候，重点就要转移到如何更好地保持自己的基业，这时候就要用不同的方案来确定，不可以墨守之前的路子。

刘邦视野的成功转型，开拓了一个繁荣的盛世，也就在此之后，生产水平得到了极大提高，经济得到回复，到了汉武帝的时候，出现了一个强大的大汉王朝。

现今时代的管理者，在面对竞争的时候，也要根据不断变化的形势调整人才结构，使人才的结构更适合于不断变化的市场竞争。

未雨绸缪　知人防变

一个团队成功发展起来之后，对于发展中立下汗马功劳的成员，一定要妥善安排。功劳越大，居功自傲也就越明显，在利益得不到满足的时候，很容易会对团体造成不好的影响。管理者一定要注意这个问题。

熟悉中国历史的人都知道，过河拆桥，狡兔死、走狗烹是历代帝王在夺取政权之后惯用的手法。而刘邦帐下的三位大员对此却有着不同的看法，张良是最早看透这一结局的，所以他早早隐退，得以保全；萧何是较晚看透这一结局的，但他在受到刘邦警告之后，只顾求保，最后也得以善终；韩信则对此既看不透又很傲慢，所以最终被杀，这就是政治韬略不同所导致的结局不同。

我们先来说说张良，刘邦稳坐皇位后，看到韩信握有重权，并且深得军心，所以食不知味，辗转难眠。于是，他宴请群臣，虽然大臣们对他的胜利表示祝贺，但仍忧心忡忡。张良喜欢察言观色，明白了刘邦的顾虑，所以就私下会见韩信，对他说："你是否还记得勾践杀文种之事？自古至今，任何将士只能与君主共患难，而不能与其同享福。飞鸟尽，良弓藏；狡兔死，走狗烹。所以，前车之鉴，后事之师，我们都要好自为之。"张良分得清轻重缓急，见好就收，他请求回乡养老。虽然，对于张良的要求，刘邦故意表现出恋恋不舍，再三挽留，但暗自窃喜，最后封张良为留侯。张良功成身退的做法可谓有先见之明。

我们再来说说萧何。从前文我们已经知道，汉王五年的时候，刘邦已经战胜项羽，统一了天下，于是按功劳进行封赏。至于谁的功劳大，谁的功劳小，由于很多大臣争功，所以经过了一年多的讨论还没有一个结果。然而汉高祖认为萧何的功劳最大，所以封他为鄼侯，赏赐的食邑也是最多的。很多不服的功臣们都说："我们身穿铠甲，手握兵器，作战多的人参加多达一百多次战役，少则数十次战役，曾经尽全力、拼命去攻取城池，占领土地，虽然所立战功不等，大小有别。但对于萧何来说，他没有立汗马功劳，只是舞文弄墨，议论政事，并没有真正参加作

战，但在按功劳进行悬赏的时候却高于我们，这何以服众？"面对群臣的不满，刘邦用猎狗与猎人的比喻让武臣无话可说，加之萧何全族人相随，群臣更是哑口无言。

毫无疑问，有了上述的故事，萧何认为自己不可能受到高祖的怀疑，仍然忠心耿耿地为刘邦办事，甚至不惜亲自出马帮助刘邦暗害韩信。吕后决定除掉韩信之后，为了减轻韩信的怀疑，萧何亲临侯邸相邀韩信进宫，韩信看到萧何亲临，毫不推辞即与萧何一道前行。谁知刚一朝见，吕后即盛气指责韩信与陈豨内外勾结企图造反，并不容置辞，随即又大声命武士立押韩信赴钟室处斩。

韩信临刑前大呼道："恨不早听蒯通之言，今日竟被骗冤死在妇人女子之手！"萧何原以为吕后最多只会把韩信下狱，听候刘邦班师回朝时审理，绝未料到吕后竟会出此狠毒手段，一时瞠目结舌说不出话来，心中自忖：刘邦临离京前必有所授意，不然的话，吕后哪敢如此擅权？因此也吓得不敢多言。此事经吕后飞章奏闻后，刘邦并无任何表示，却下了一道圣旨："拜丞相萧何为相国，益封五千户，派一都尉，率兵五百名为相国警卫！"萧何自此才吃了一惊：这不是连自己都给怀疑上了吗？于是，他采纳身边人的计谋决定自保。

等到高祖出兵消灭了黥布，班师回朝的时候，老百姓排列成行拦住道路，上书给汉高祖，说相国萧何用低贱的价钱强行购买老百姓的田地住宅数千万。高祖回到了朝廷，萧相国来拜见。高祖笑着说："堂堂一国的相国，竟然夺取人民的田地住宅，使自己得利！"于是把人们控告相国的书信都交给萧相国，并且说："你自己去向老百姓谢罪吧！"

本来此事已有一个圆满结局，但萧何还是难以掩盖对百姓的关切之心，于是利用这个机会替百姓请求说："长安的土地非常狭窄，上林苑中有许多空地，虚弃而没有利用，希望能够让老百姓到上林苑内耕种，让他们收走粮食，草则不收走，留下来给禽兽吃。"

高祖听了十分震怒，说："相国你接受了商人许多财物，于是替他们请求开我的上林苑！"因此把萧何交给廷尉加上刑具拘禁起来。过了几天，王卫尉侍从高祖，上前问高祖道："萧相国犯了什么重大的罪恶，陛下怎么突然把他关起来呢？"

高祖说："我听说李斯担任秦朝丞相的时候，有好的事情都归功于君主，有坏的事情都归到自己身上。现在萧相国接受了商人很多金钱，而替人民请求开放我的上林苑，用这种方法来讨好人民，所以我把他拘囚起来，治他的罪。"

王卫尉说："凡是职务分内的事，如果对人民有方便的地方就请求皇上实行，这真正是身为一国的宰相所应该做的事，陛下为什么怀疑相国收受了商人的金钱呢？而且陛下以前曾经跟楚国对抗数年，后来陈豨、黥布又相继反叛，陛下曾经亲自率领军队，前往征讨，这些时候，萧相国镇守关中，只要把脚跟稍微摇动一下，关中以西的地方就不是陛下所能保有的了。萧相国不在这些时候谋求自己的利益，现在竟然会贪图商人所送的金钱吗？而且秦朝的帝王因为不知道自己的过错才亡了天下，李斯替他的君主分担过错，又有什么值得效法的呢？陛下怎么怀疑宰相的为人那么浅薄啊！"

汉高祖听了心里很不高兴。这一天，高祖派人拿着皇帝的符节把萧相国释放出来。萧相国这时年纪已老，平素又十分恭敬谨慎，所以入朝的时候，光着脚上前向皇上谢罪。高祖说："相国请不要这样！相国替人民请求开放上林苑，我不答应，我简直像是夏桀、商纣一样的君主，而相国却是贤能的宰相。我拘禁了相国，是想要老百姓知道我的过错罢了。"

值得庆幸的是，刘邦最终还是放过了萧何，但是倘若萧何像韩信一样不懂得刘邦的帝王之术，那么，他的性命也就危险了。

不论刘邦对旧臣忘恩也好，残酷也罢，我们且不计较他对待功臣的态度，单就他这种未雨绸缪的思想，在任何时候都是值得借鉴的。

春秋战国时期，时局动荡，许多的国君都被自己的手下所害，各国交相替代，重臣功高盖主，动不动就会取而代之。秦始皇一统天下，废分封，行郡县，很好地将权力统一到了自己的手中，但是不能不说，郡县制在当时政权不牢固、民生不稳定的时期有着无法弥补的缺点。

前车之鉴，辛辛苦苦打江山的刘邦非常注意对手下的提防，免得重蹈前人覆辙。早在政权尚未建立，国家尚未统一的时候，刘邦就开始不断虚弱手下的权力（刘邦曾几次从韩信手中分兵出来），到了国家建立的时候，刘邦又怎么会让自己的天下存在隐患。

我们现代人的事业也是如此，无论什么时候都不要放松警惕，生于忧患、死于安乐的道理要时刻长存心中，忧患意识的存在才能保证自己的事业处于一种稳定的发展态势之中。

利用欲望　投其所好

每个人都有欲望。管理者面对下属的欲望，不要因为他们是"刺头"感到厌烦，更应该感到开心，因为有欲望的人，都是容易被人驾驭的人，只要自己管理得当，这些人就会因为自己的欲望奋力前行，正所谓"不用扬鞭自奋蹄"。

人生就像一个漫无边际的战场，我们时刻做着生存的斗争，如果我们学会了宽容，学会了在小事上不计较，那么我们的征途将会走得更远，最后的胜利才会属于我们。刘邦就是这样的一个智者，他遇事能忍，遇到突发事件也会随机应变，不与人计较，以宽阔的胸怀化险为夷。韩信是西汉的一名作战能手，如果拿到今天的企业中，他将会是一个实力深厚的企业策划执行家，在企业与企业的竞争中他可以拿出真本事把别人打得落花流水。然而，任何一个人都难免有野心，当初韩信依靠自己的本事打得魏国、齐国、燕国一败涂地，刘邦遇难的时候恰恰是韩信连战连捷的时候。他心中有了一个梦想那就是做齐王，于是斗胆向刘邦要求等他拿下齐国之后让自己在齐国做假王来治理国家。刘邦很生气，自己被项羽围困在荥阳，他不前来救自己，反而问自己要更大的官职来做。

公元前205年，刘邦在与项羽彭城交战的过程中大败，刘邦无奈之下只好带领残兵败将退到荥阳。之所以选择荥阳是因为这里南靠嵩山，北临黄河，汜水穿境而过，成为洛阳的门户和函谷关的咽喉，后方又有粮仓敖仓供应，防御工事相当严谨。刘邦打算在这里休养调整，并期待着韩信能尽早来解救他们。

当时韩信正在另外一个战场拼搏厮杀，他一连灭魏、循赵、胁燕、定齐。

韩信攻克齐国的都城临淄后，挥师追击田广，到达高密。项羽派龙且为将，率领号称20万的楚军，赶来救援齐王。楚军和齐王田广的军队联合起来，准备和韩信的军队决战。在战斗打响前，有人对龙且说："汉军远道奔袭而来，急于战斗，不可与这种军队急于交锋。齐楚联军在自己的国土上作战，容易败散。不如深沟高垒，不与汉军

交锋。让齐王派出他的使者，到齐国的各个城池去，号召人们抵抗汉军。齐地的人们知道他们的王还在，又有楚军的支援，必然会抵抗汉军。汉军远离后方2000多里，齐地人们都抵抗它，打击它，它就不可能获得粮食给养，我们就可以不战而降服汉军。"这本是一条克敌制胜的万全之策，可龙且听后却不以为然。他说："我知道韩信的为人，很容易对付他。况且我是奉命来援救齐国的，不经过战斗就将韩信降服，那我还有什么功劳？现在我在战场上打败韩信，凭我的这项战功，就可以得到齐国的一半作为我的封地。我为什么要停止战斗呢？"于是他挥师与韩信的军队决战。

双方的军队隔着潍水，摆好了决战的阵势。韩信命令他的部下，于夜里准备好1万多条袋子，里面装满了泥沙，在潍水的上流筑起一道拦河的堤坝。第二天早晨，韩信率领一半军队，渡过河来攻击龙且的军队，又假装失败往回撤退。龙且见了，不知是计，高兴地说："我就知道韩信是个胆小鬼！"于是他下令渡河追击韩信。韩信立即命令将上游的堤坝决开，顿时，大水滚滚而来，龙且的军队大部分被大水拦在对岸，龙

汉高祖刘邦陕西
咸阳长陵

且率领着一小部分军队渡过了潍水追击韩信。韩信指挥全军大反攻，还在对岸的大部分军队，眼睁睁地看着龙且被杀，军队被消灭，他们也都一哄而散，齐王田广也逃往城阳。韩信乘胜追击，直到城阳，迫使田广和溃散的楚军投降。韩信的部将灌婴，追击齐将田光至博阳（今山东省泰安市南），并将其击败，俘虏了田光。田横以为田广已死，就自立为齐王，率军进攻灌婴，被灌婴在赢县（今山东省莱芜市北）打败，只好带着残兵败将去投奔彭越。以后，韩信的部将曹参，又在胶东攻杀了齐将田既，灌婴在千乘（今山东省高青县东北）攻杀了齐将田吸。到汉王四年（公元前203年），韩信终于降服了齐国全境。

韩信派使者向刘邦报告，并在报告中对刘邦说："齐国是个狡诈多变、反复无常的国家，南边又和楚相邻，如果不立一个代理的王镇抚，就不能保证局势的安定。我请求允许我为代理齐王。"

当时，刘邦正被项羽围困在荥阳一线，韩信的使者到来后，向他呈上了报告，刘邦看后不禁大怒，开口就骂韩信："我被困在这里，正日日夜夜盼望着他来帮助，想不到他却要自立为王！"张良、陈平这时正好在刘邦身边，立刻踢了刘邦一脚，并附着刘邦的耳朵悄声说："现在我们正处在困境中，怎么能阻止韩信为王呢？不如顺水推舟，立他为王，好好地对待他，让他保卫好齐国。否则，会激起他的反叛。"

刘邦经过他们的提醒，马上改变了态度，当着韩信使者的面，骂起韩信来："大丈夫既然立下了攻灭诸侯的大功，就该当一个正式的王，为什么要当个代理的王呢？"于是刘邦派张良为代表，立韩信为齐王，并征调韩信的军队到荥阳、成皋前线和项羽的军队作战。

在现代社会，常有人说马蝇效应。马蝇效应是指再懒惰的马，只要身上有马蝇叮咬，它受到刺激之后，就会精神抖擞起来，然后奋力向

前跑去。马蝇效应，是根据林肯的谈话引出来的，旨在说明要让员工好好工作，就要先在员工的身上放上一只"马蝇"，以此驱使员工向前发展。

1980年，在美国总统大选结束后的一天，参议员萨蒙·蔡思去总统林肯的办公室办事，办完事情走出来正好被大银行家巴恩瞧见。巴恩平日对萨蒙·蔡思有所耳闻，知道他野心勃勃。于是，就来到总统办公室，对林肯总统说："总统阁下，您不能将此人收入内阁。"林肯觉得奇怪就问："为什么？"巴恩回答说："因为他自负、有野心，而且老觉得自己比您要伟大。"林肯说："除了他之外，你还知道有谁会认为自己比我伟大的吗？"巴恩说："那就不知道，您问这做什么？"林肯说："我要将他们全部收入内阁。"

后来，林肯将萨蒙·蔡思收入内阁，也发现了萨蒙·蔡思确实是个有野心和抱负的人，这一点大银行家巴恩一点也没有说错。但林肯觉得人品不重要，重要的是这个人的才能，并且他通过自己的观察，发现萨蒙·蔡思确实是个奇才，而且林肯的用人准则是任人唯贤，因此，就任命他为财政部长，还尽量避免和他产生摩擦。

但萨蒙·蔡思却是个嫉妒心强、权利欲重的人，在竞选之前，他梦想着自己能当上总统，但让林肯捷足先登了。后来，又想进军国务卿，谁知林肯早已任命了西华德，于是，他只能坐在别的椅子上了。于是，他对林肯心存怀恨，甚至想打击报复。

后来，《纽约时报》主编亨利·雷蒙特搜集了很多萨蒙·蔡思的不轨资料，前去总统府拜访林肯，告诉林肯："萨蒙·蔡思目前非常狂热地想谋取总统的职位。"林肯听后不以为然，只对亨利·雷蒙特说："你是在农村长大的，那你一定知道马蝇这种东西了。"林肯接着说，小时候，有一次自己和兄弟在老家的一个农场里耕玉米地，他负责吆喝着马，兄弟则扶着犁犁地。可是那匹马太懒了，林肯怎么赶也赶不动。但后来的一段时间马居然跑得很快，林肯差点跟不上了。林肯很是纳闷这是怎么个情况，到了地头才发现原来马身上有一只很大的马蝇，并把马咬出了血。看到这种景象，林肯马上把马蝇拍死了。兄弟生气地说："你为什么要打死马蝇？"林肯说不想让马被马蝇咬，这太可怜了。兄弟说："你知道马为什么跑得那么快吗？就是因为马蝇咬马，使马受到了刺激，因为疼痛才跑起来的。"为此，林肯颇为感叹地说："如果现在有一只叫'总统欲'的马蝇正叮咬着萨蒙·蔡思先生，那么只要它能使萨蒙·蔡思永远跑下去，那我就不想去拍死它。"

这个小故事对管理者在用人方面很有启发。一般来说，越是有能力的员工越不好管理，因为他们在利益、权势或金钱方面有很强的占有欲。如果他们得不到想要的东西，他们就会要么跳槽或不好好地干。如果想让他们安心、卖力地工作，那么就要对症下药，找到能激励他们的东西。而这些激励因素就是那只"马蝇"。

作为组织的领导者和管理者，如果要想让组织能够发展壮大起来，学会怎么去管理员工，怎么让员工为组织创造最大的利润是非常必要的。领导者要怎样才能引导员工更好地从事工作呢？

那就是利用马蝇效应，即用激励的制度方法鼓励员工。要知道通常组织里那些越是有能力、越是有才华的员工，就越不好管理。因为他们因为自己优秀就都自视清高、自命不凡，同时，他们又都有着很强烈的欲望，或想得到金钱或想得到权势等。

林肯对待蔡思的故事，或许真的可以给我们很多启示。既然我们的经营目标就像毛主席说的那样"团结一切可以团结的力量"，提高管理

绩效，那么，利用"马蝇效应"，学习林肯，把那些像蔡思一样又"刺头"又有强大能力或特殊资源的人充分利用起来提高公司效益，何乐而不为呢？

对于工作员工的优秀表现，领导者可以适当奖赏，但一定要把握尺度，否则，这样的肯定很可能被其他同事当成是一种"言过其实"的褒奖，而他本人，也可能恃宠而骄，工作没有之前努力。

如果你是善于交谈、善于察言观色的管理者，你可以尝试找他们谈心、做思想工作的方法。行动永远比语言更有说服力，所以在巧妙运用你的权力资本时，应为这些有着雄心的员工做出榜样，让他们见识一下一个有权威的管理者是如何处理问题、实现目标的。

管理者应做到具体人具体分析。对于这些"刺头"，因为他们往往比较自负、好胜心强，所以在委派任务的时候，最好用一句简洁有力但能刺激他的话来结束："这个任务对你来说有困难吗？"在得到了他不服气或略带轻蔑的回答后，便可结束。过多的叮嘱和干预，只会引起他们的反感，甚至导致他对于任务本身和你这个领导更加不屑一顾。

在工作时，应运用你的智慧和鼓动力，有意对员工进行"冷处理"，让他明白个人只是团队中的一员，其力量难以企及团队的力量，在整个团队中，一人的影响是微不足道的，然后，在恰当的时候鼓励其发挥专长，保全他的面子和自尊。

任何管理者都应制定出符合自身利益的相关制度，并且做到制度面前人人平等。在招聘之初，就应该让那些误以为自己可以凭借某些优势凌驾于制度之上的人明白，所有的人都得按规定办事。只有这样才能稳定这些人，实现目标。

人的欲求是千差万别的。有的人可能更看重精神上的满足，比如荣誉、尊重；有的人比较功利，可能更看重物质上的满足，比如金钱。针对不同的人，要对症下药，投其所好，用不同的方式去激励他。总之，要让这匹马儿欢快地跑起来。

第五章

刘邦对你说 个人气度

气度，决定了一个人的高度，一个有气度的人才才会有所成就，否则他未来的成就势必会受到局限。在谨记"知识就是力量"的同时，也不妨提醒自己——"气度决定高度"，这是一个知识爆炸的时代，在我们追求知识、才艺……的同时，千万不要忽略。所谓的"内在"，除了充实知识、才艺外，还包括了充实修养、品格。"知人者智，知己者明。"知人者，不只是知道识别和发现别人的才能，还要懂得自知。了解自己的人，更要学会如何培养自己的气度。

做人要豁达大度

成大事者，无不有一种豁达的心胸，大度的胸怀。豁达大度是历经沧桑后的达观、是阅尽人情后的自信、是一种包容的心态、是一种成熟的作风、是一个人走向成功的重要气质，我们一起来领略一下刘邦的大度胸襟。

秦汉之际，天下大乱。豪杰并起，群雄逐鹿。西汉开国皇帝刘邦，原为沛县农家子弟，起于微细，乘时势之风云，得贤士之佐助，终于南面称帝。对于秦汉之际的各路诸侯、英雄豪杰来说，他们同处一个动荡的时代，在客观上都具有同一个可以凭借的时势风云。当时，想称王、称帝的，又何止一人？然而，最终扫平群雄、称帝于天下的则是刘邦。

刘邦能够扫平群雄的原因，可以列举很多。其中，他个人所具有的独特素质，不能不说是一个重要的原因。后人评论刘邦，称道他豁达大度，从谏如流。这八个字，确实是概括了当时其他英雄豪杰所不具有而刘邦所独具的素质，是刘邦区别于其他历史人物的主要个性特征。

豁达大度与从谏如流，二者具有不同的内涵，但又有着一定的联系，现依据刘邦的一生事迹，分别叙述如下。

称刘邦豁达大度，是说他气度开阔，胸怀大志，心有全局。司马迁作《史记·高祖本纪》，称刘邦"仁而爱人，喜施，意豁如也。常有大度，不事家人生产作业。"晋潘安仁（岳）作《西征赋》，则进一步说："观夫汉高之兴也，非徒聪明神武，豁达大度而已也"，载于萧统《文选》。自潘安仁《西征赋》始，人们便往往用"豁达大度"来称颂刘邦。下面，略举如下事例。

不事产业。

司马迁称刘邦"常有大度，不事家人生产作业。"作为一个农家子弟，从事农业生产应是其本业。而刘邦既不愿务农，又不肯经商，也不想当一名工匠，那在"士农工商"四业中，他只有走做官的这一条路。然而就刘邦家庭出身和本人的条件而言，他只能谋一个泗水亭长的职位。而亭长又不是领朝廷俸禄的官员，只不过是秦帝国地方政权基层组织中的一名小吏而已。从刘邦担任亭长期间对县府中的小吏"无所不狎侮"的玩世不恭来看，他并不把亭长的职位当回事，不过是借此聊以寄世而已。此时的刘邦，究竟想怎样度过自己的一生，恐怕他自己也不大清楚。总之，一位出身于农家的子弟，不肯从事家人生产作业，对现实又多有不满，说穿了，他是不甘心做一名平民百姓。司马迁把刘邦的"不事家人生产作业"作为他"常有大度"的根据，这无疑是一个深刻的见解；刘邦的玩世不恭，正是他身为平民百姓期间胸怀大志的一种扭曲的表现。

常徭咸阳。

《史记·高祖本纪》称刘邦"常徭咸阳"，有人解释说："刘邦常去咸阳服劳役。"这是一种误解。刘邦的"常徭咸阳"，不是他本人到咸阳去服劳役，而是如《史记·萧相国世家》所说的"以吏徭咸阳"，他是以小吏（亭长）的身份为沛县押送民夫去咸阳服役。这在当时是一件苦差事，临行前，萧何等县府中的小吏都以刘邦好友的身份送些旅费给他。这除了体现着朋友间的情谊之外，也意味着这件差事很辛苦，还

带有几分意外的风险。然而，与众不同的是，刘邦竟对这种苦差事乐此不疲，总是自告奋勇地多次带队去咸阳。其中的奥秘，就在于这是他精神的最大寄托：关中山水之间时隐时现的秦始皇离宫别馆，绵延数百里，令人目不暇接，数不胜数。此外，还有那雄伟的咸阳城墙、壮丽的咸阳宫殿、正在修建中的阿房宫与骊山陵墓工地。这一切，把刘邦带入了一个令他神往的美妙世界。他是那样地如迷如痴，有时甚至觉得自己似乎成了这一切的主人。作为一名平民百姓，这种皇帝梦给刘邦在精神上带来了极大的满足。为此，他不仅不畏惧长途跋涉的辛苦，而且在秦帝国风雨飘摇之时竟甘愿押送"刑徒"奔赴咸阳。当然，这最后一次却不到半途就废止了，他从此也逃往山林匿身。刘邦的常徭咸阳，主观上是为了享受这皇帝梦所能给他带来的慰藉，而客观上却陶冶了他的性情，开阔了他的胸怀，强化了他的追求。这一切，对于他后来的扫平群雄、贵为皇帝，有着很大的关系。

沛县举兵。

刘邦自丰西亭释放刑徒，自己也逃入山林匿身。刘邦当时不会想到，他敢于释放秦帝国的刑徒，这不是使自己以救世主的身份站到强大的秦帝国的对立面了吗？这一切，使得刘邦虽藏身于山林，飘泊不定，尝尽了千辛万苦，但他的皇帝梦比常徭咸阳时做得还多，而且是越来越真切了。陈胜、吴广大泽乡首倡起义，天下群起响应。在这种形势下，刘邦走出山林，被沛县父老推戴为"沛公"，正式加入了反秦起义的洪流之中。在反秦的各路诸侯中，沛公起初是一支不很强大的力量。然而，与众不同的是，刘邦是在做过皇帝梦之后，才举起了反秦的义旗，把举兵起义作为他为实现皇帝梦想的第一步。在当时的各路诸侯之中，有谁人这样想过？即或是出身贵族、为消灭秦军主力而扬威天下的项羽，他虽然曾发出过"彼可取而代也"的豪言壮语，但灭秦后却舍弃关中，甘愿回彭城做号令天下的西楚霸王。霸王与皇帝，二者又怎可同日而语？

正因为有这种不同，刘邦在参加起义行列后，能够审时度势，善于处理他所遇到的一切问题，在力量不甚强大时投奔项梁，又能与骄横的项羽一道共同与秦军作战；同时又能招揽天下英雄，壮大自己，终于率先经武关首先攻入关中，接受秦王子婴的投降。

屈就汉王。

按照楚怀王与诸侯的约定，先入关中者为关中王。刘邦率先攻入关中，他理应称王于关中。况且他为了称王于关中，入关后与关中父老约法三章，抚恤百姓，做了不少准备工作。然而，当项羽率领各路诸侯进入关中后，却依仗着自己手中强大的军事力量，违背楚怀王与诸侯订立的约规，将关中封给秦朝的三个降将，令刘邦到偏辟的汉中称王，使三个降将把刘邦的势力遏制在汉中一隅。当时受封的诸侯王大多是封在自己的家乡或附近，唯有刘邦被封在远离家乡的汉中盆地，四周都是高山峻岭，对外交通十分不便。项羽的这种做法，是刘邦无论如何也不能忍受的。他不是没有过与项羽决一雌雄的想法，但在萧何等人的劝谏下，他为着大局和将来，甘愿忍辱负重，屈就汉王一职，在关键时刻体现了他的豁达大度。

不念旧恶。

在秦汉群雄争霸的年代，所有的豪杰壮士都选择开明的主子，这样做既是为了能更好地施展自己的才能，同时也是希望在成功之后能享受荣华富贵。所以，当时的贤能之士游移于各诸侯之间，变换主子的事情时有发生，不足为奇。同样，刘邦为了成就他的帝王之业，也是尽力

礼贤下士以招揽更多贤才，有很多人曾经服侍过敌对势力或其他诸侯，并且也有不少人在"各保其主"的情况下，对他做过羞辱之事。但是只要这些人愿意为刘邦服务，刘邦都能冰释前嫌，一律接纳，并且加官封爵。这类的事例，多得不胜枚举。其中，最能说明问题的是他对雍齿的宽容。早在起兵之初，刘邦令雍齿守卫丰城，刘邦带兵外出作战。然而，雍齿却以丰城降魏，使刘邦处于困窘的境地。刘邦攻打丰城，未能攻下。举兵之初的艰难之际，雍齿的叛变使刘邦最为寒心，忌恨丛生。即使如此，刘邦还是宽容了雍齿，后来，他为刘邦立下了不少功劳。刘邦有时想杀死雍齿以解宿怨，但总是念他功多，更主要的是刘邦从大局出发，有豁达大度的胸怀，不念旧恶，这才使得雍齿并未遭到杀害。帝国建立后，功臣们为着未能及时得到封赏而议论纷纷，大有反叛之势。此时，刘邦采纳张良的谋略，先封雍齿为什方侯，诸将始安。这位最令刘邦忌恨的雍齿竟在特殊情况下派上了特殊的用场。可见，刘邦的不念旧恶、豁达大度竟给他带来了很大的好处。

不吝爵位。

在刘项争夺天下的楚汉战争中，刘邦只是依靠曹参、樊哙等人所统率的部队，且别说是打败项羽，连楚汉相峙于荥阳的局面也难以形成。试问：如果没有韩信东渡黄河后的一路虏魏王、大破赵军于井陉口、占有齐地并于潍水击溃龙且率领的20万大军，没有彭越的游击楚军、屡屡切断楚军的粮道，没有黥布的归属汉王，能够出现项羽与刘邦签定平分天下和约的那种局面吗？决定楚汉命运的垓下决战，在韩信、彭越没有按期前来时，项羽可以把刘邦的军队打得大败；当韩信、彭越、黥布各自率领大军前来垓下参加会战时，项羽顿时陷入了四面楚歌之中，最后不得不乌江自刎。可见，没有韩、彭、黥的参加会战，刘邦是不可能战胜项羽的。刘邦究竟有什么法宝能把这些人招来为自己效力？这个法宝便是不吝惜对各路诸侯授予以爵位，封赏王侯。刘邦的最终目标是称帝天下，为此他怎能舍得把土地和人民分封给诸侯？项羽舍不得这样做，结果成了孤家寡人，最终灭亡。而刘邦尽管有谋士们经常在耳边就这个问题提醒他，从内心他还是舍不得把土地和人民分封给别人，不甘愿封韩、彭、黥等异姓诸侯王。然而，刘邦最终还是封这些人为诸侯王，把大片土地和众多人民赏赐他们，实际上做到了不吝爵位。如不是豁达大度，刘邦能够做到这一点吗？能够打败项羽吗？

刘邦的豁达大度在个人生死以及对待家庭骨肉之间的问题上，再一次被充分地体现出来。为争夺天下，刘邦在反秦战争和楚汉战争中，大部分时间都是在军营中度过的。楚汉战争中，他多次死里逃生，胸部被暗箭射伤，可见他早已将个人的生死置之度外。当了皇帝后，他仍然屡屡御驾亲征，平叛御侮，甚至在有病的情况下，还带病东征黥布，致使又被流矢射伤。刘邦的戎马一生，表明他为着成就帝业不顾个人生死。这同坐在咸阳城中指挥兼并六国战争的秦始皇，是何等不同。再看刘邦在东征凯旋而归的途中，他在沛县与家乡父老们饮酒作赋，起舞高歌，似乎身上并不带有箭伤；然而，当他离开家乡西归长安时，加重的伤势竟使他一病不起；即使在这种情况下，他却有病不医，声称"命乃在天，虽扁鹊何益！"。身为皇帝，他这种视死如归的精神，同秦始皇晚年的寻仙求药、幻想长生不老，形成了鲜明的对比！

脱下战衣，刘邦也是一个平凡人。他有父母、兄弟、妻妾和儿女，在亲人骨肉之间，他也具有常人的那些情感。但是，为着成就帝王之业，他已将个人生死置之度外，亲人骨肉在他心里已经位于帝王之业之下。作为一个平民百姓时，刘邦"不事家人生产作业"，所以未能在物

质上孝敬父母；为了实现皇帝梦，他"常徭咸阳"，长年在外作战，所以只能由他的妻子扛起农作和抚养儿女的重任。

楚汉战争期间，逃亡途中他为着能跑得快些，几次把儿女从车上推下去；项羽以煮死太公要挟刘邦，刘邦却说"幸分我一杯羹"，全然不理。这又不足以说明刘邦对父亲和儿女的绝情，只是为了帝业，他割舍得下父亲和儿女。

试看他称帝后"五日一朝太公，如家人父子礼"并且尊太公曰"太上皇"，他对父亲不是很孝顺吗？再如刘邦不顾群臣的反对，多次一心想改立如意为太子。他明白太子刘盈"仁弱"，撑不起汉王朝的江山，但在群臣的一片反对声中，再加之"商山四皓"的出现，他觉得即或立如意为太子，也不会得到群臣的支持与辅佐，因而置戚姬、爱子的私情于不顾，把对刘盈的担心也搁在一边，不再提改立太之事。此时此刻，他的心情该是何等地复杂，而他所做出的最后抉择，又是何等地豁达大度！

刘邦的豁达大度很是值得我们现代人效仿。追求成功的当代人，也要做到豁达大度，只有这样，才能被人所接受，才能吸纳到人才为自己所用，才能不计一时的成败，才能在竞争中走到最后，获得成功。

要有一定的人格魄力

魄力是指人在处理问题的时候，能够忽略细节，发挥自己的主观能动性，对事情做出一种整体的把握，并做出正确的决定。魄力能够体现一个人自身的才干和能力，魄力十足的人做事从不拖泥带水，能够从容干练地进行决定。

沛县县令有个好朋友吕公，是单父（今山东省单县）人，因在家乡结了仇，为逃避仇人的报复，带着全家来到沛县投靠县令。沛县府内的官吏和社会名流，听说县令来了贵客，当然不会放过讨好、巴结县令的良机，于是纷纷赶来祝贺。其实祝贺只是个形式，送礼、送钱贿赂县令才是实质。萧何是县令的主要助手，县令让他主持操办收受钱财、举办宴会、接待来宾事宜。萧何对前来祝贺的人说："凡是进献贺钱超过千钱的人，才有资格坐在堂内，否则，只能安排在堂外。"刘邦自然不肯放弃这个良机，但他又不肯出钱，因为他和县府的这帮官吏十分熟悉，知道他们不会因他不交钱而被拒之门外。于是他声称自己送贺钱一万，其实他连一个子儿也没有出。一万钱在当时可是个相当可观的大数目，吕公听后大吃一惊，亲自离开座位，到门口迎接刘邦，并将他引到堂内。刘邦也不客气，径直坐在上座。刘邦的这番举动，萧何很是看不惯，当时就对周围的人说："刘季就是爱吹牛、说大话，很少办实事。"但大家对他无可奈何。谁知这位吕公会看相，他见到刘邦后，对刘邦竟十分敬重。酒宴快要结束时，吕公对刘邦使了个眼色，示意他酒宴后留下来，刘邦当然心领神会。

酒宴结束后，吕公和刘邦单独交谈起来。吕公对刘邦说："我从小钻研相术，观察过很多人，但从没有遇到像你这样尊贵相貌的人。希望你好好努力，前途不可限量。我有一女儿，如你不弃，愿意嫁给你为妻。"刘邦听后，喜出望外，哪有不愿意的道理？当然是满口应承。吕公将自己的决定告诉了夫人，夫人反认为他太荒唐了。生气地对他说："你一直认为女儿与众不同，一心要让她嫁个贵人。沛县的县令与你交

情很深，主动求婚，你都没有答应。今天怎么稀里糊涂地把女儿嫁给刘季了呢？"吕公也不向夫人作任何解释只是蛮横地对她说："你们妇道人家，哪里懂得其中的道理！"吕公不顾夫人的反对，毅然把女儿嫁给刘邦为妻。

婚姻是人生道路上的重要里程碑，古代婚姻不仅是关系到一对男女前途的抉择，更是关系到两个家庭、甚至两个家族的命运与前途相联系的重要举措。吕公与刘邦仅有一面之交，在对刘邦的家庭及刘邦个人的背景均不了解的情况下，就毅然、主动地作出了将自己期望值很高的女儿嫁给刘邦的决定。凭他当时的身份与社会地位，他是将女儿下嫁给刘邦的，他既不是酒后的糊涂，也不是一时的心血来潮、突发奇想。唯一的合理解释，就是吕公凭其相术，看出了刘邦与众不同的气质。一个人的内在气质、精神状态、健康状况，自然会通过他的神情、言语、动作表现出来，一个社会阅历比较丰富的人，特别是吕公这样对相术学有专攻的人，自然会对刘邦的外貌、神情、言语、动作特别注意，经过比较与综合，得出他认为正确的判断来。史书记载刘邦仪表堂堂，这不会假，再加上当时刘邦已任亭长，他敢于吹牛，不出一文而安居上座，这就不是一般人的举动，他根本不把在座的人放在眼中，说明他正自觉春风得意且自诩很高，自然会给吕公一个鹤立鸡群的印象。刘邦的本意也不过如此，但没想到吕公竟会将女儿许配给自己。这意外的收获，大大提高了刘邦在沛县的声望与知名度。不难想象，吕公嫁女于刘邦这一爆炸性新闻传开后，必然会对沛县上上下下人们的心理产生巨大的震撼。人们在惊愕、怀疑之后，必然会对刘邦刮目相看。更不用说这桩婚姻本身，对提高刘邦在沛县的社会地位将会产生多么巨大的作用。

刘邦的妻子名叫吕雉，字娥姁，是个相当能干的女人。婚后她生下一对儿女，儿子刘盈，后来被册立为太子，刘邦死后，他继位成为汉惠帝；女儿鲁元公主，后来嫁给张耳的儿子赵王张敖。刘邦在外当亭长，而吕雉自己带着一对儿女在家种田。当刘邦在外逃亡时，她舍命给刘邦通风报信，送饭送衣。在楚汉战争中，她曾经被项羽俘虏，直到楚汉达成以鸿沟平分天下的和约后，才被项羽释放，与刘邦团聚。刘邦做皇帝后，她顺理成章地成为皇后。作为皇后，她为刘邦建言献策，并帮他处理国家政事。而韩信、彭越都是在她主持策划下而被诛杀的。刘邦死后，她成为西汉王朝实际上的统治者，这种情况持续达15年之久。司马迁在《史记》中这样写道：她性格刚毅，在刘邦平定天下、铲除异己方面扮演了重要角色。司马迁还称赞在她的统治下，西汉王朝赏罚分明，政治稳定，经济繁荣。所以，刘邦得此贤内助，真是三生有幸。吕雉还有两个哥哥，大哥吕泽，二哥吕释之，后来都跟随刘邦，发动反秦起义，在战争中，二者都建立军功，为此刘邦按功封侯，吕泽为周吕侯，吕释之为建成侯。吕泽为巩固西汉王朝，在汉高祖八年也就是公元前199年，战死于沙场。吕雉的妹妹吕媭，嫁给了樊哙，而樊哙是刘邦的好朋友，一直对刘邦忠心耿耿，但这与此联姻肯定也大有关系。

吕公嫁女于刘邦，实是刘邦一生命运的重大转折，无论是在当时，还是在以后的岁月中，对刘邦事业的成功，均起了十分重大的作用。

一个身无分文的浪荡子弟，张口就敢称万钱，这，是一种气度，是一种十足的魄力。这一方面是因为刘邦自幼不务实业，对于千金万钱并没有太过介意，可以想象，如果刘邦有这么多钱的话，他也会直接就拿出手的。另一方面刘邦有这种魄力，就有胆量在相熟的或初次见面的人面前夸下海口，这在一般人是做不到的。就算是对初次见面的人可以唬弄一时，却绝不敢当着那么多相熟的面孔胡乱开口。

生意场上有"买空卖空"之说，这是一种"空手道"，谙熟此道并"玩"得熟练的人，往往一本万利，甚至无本万利，刘邦将这一原理用于择偶娶妻，因而娶得吕雉。刘邦正是凭借着自己的魄力赢得了自己发展最初的资本。

刘邦的"空言万钱得娇妻"，尤其是他当众撒谎时"脸不变色心不跳"，依然谈笑风生、镇定自若的神态，诚然带着泼皮无赖的"厚黑"性质，却也不乏流氓政治家的老练成熟。兼有这两个方面的"刘邦本色"，是他日后成就"帝业"的重要心理基础。

同样体现出刘邦人格魄力的还有一件事，一次刘邦正赶上秦始皇出巡，刘邦远望秦始皇仪仗而不胜钦羡不由自主地就说到："大丈夫当如此矣！"，这时实际上他的内心早已隐伏着必欲取而代之的勃勃野心。野心和雄心常常是很难区别的，它是一种原始驱动力，简称"原动力"，舍此则不能披荆斩棘、赴汤蹈火以成就大业。说出这句话本身就需要很大的魄力。

魄力能够为胆量注入智慧，并投射以勇气的光华。魄力是生命的画卷上一抹灵动的色彩，是性情的五线谱上一行激昂的音符，它有时摇曳着芍药般的火红与热烈，有时又飘溢着醇酒般的清冽与芬芳。

"大丈夫当如此矣"！不管是刘邦当时的原话，还是后来他当上汉高祖后史学家的"补笔"，都说明刘邦绝非凡庸之辈、等闲之人。不过笔者更相信这是他当时的原话，因为这更符合刘邦的性格，也更符合刘邦将来的所作所为与发展趋势，也更能体现出刘邦人格魄力。

现代人在谋求发展，追求成功的时候。魄力仍是一种不可或缺的个人气度。没有魄力的人只能停留在偶尔的小成功上止步不前，只有有魄力的人才会以一种永不言败的精神，不断努力、不断向前。

沉着冷静　处变不惊

沉着冷静是每一个渴望成功的人都要具备的优秀品质。所谓的急中生智，若没有冷静的因素在其中，也不会生出解决问题的机智。所谓的勇者无畏，若没有沉着的心理素质，怎么可以面对一切的压力。在众人的慌乱无措中，谁若能沉着理性地面对事情，他就会是最终的解决者。刘邦无疑将沉着冷静这一特质发挥到了极致。

楚汉战争中，刘邦无数次身陷险境，为何总是化险为夷，直到取得最后的胜利？当他面对一次次的失败，一次次的重挫，又为何总能顽强地站起来？这多少应该归结于他的沉着冷静，处变不惊。刘邦就是靠着他的这些特质，来机智地应对那些看似足以让人崩溃的处境难题，最终转危为安的。

楚汉战争相峙的阶段，项羽派人对刘邦说："你看这仗打了这么久，弄得天下百姓都不得安宁，不如我和你决斗定胜负吧。"刘邦当然不会中计，他对项羽说："我不和你拼匹夫之勇，我要和你斗智。"这话一说，项羽没办法了。但是，刘邦自己又想到，这样说话在将士面前失了志气。为了挽回面子，刘邦就想了一个绝妙的办法。他穿上厚厚的铠甲，然后一个人来到阵前。当然，刘邦站在离项羽的军营很远的地方，他估计着项羽那边用箭射不到他，就站在那和项羽喊话。

刘邦精神饱满，声音洪亮，列举项羽十大罪状，骂得痛快淋漓。因

为前面项羽要和他决斗他不敢答应，丢了面子，要在这样的大骂中找回来。项羽是个极爱面子的人，被刘邦骂得脸上实在挂不住了，就想要对付刘邦。但是，想要对付刘邦又不容易，因为刘邦离得较远，要和刘邦决斗刘邦又不应战。项羽就偷偷叫人准备好弓箭，想趁刘邦喊得起劲的时候，一箭射将过去，要了他的性命。

这边刘邦骂得正高兴，没想到项羽这边会射冷箭，最重要的是他没想到能射得这样远。结果，这一箭正中刘邦的前胸。

刘邦中箭后疼痛不已，他本能地弯腰，捂住他剧烈疼痛的胸口。但是，刘邦反应很快，他立刻明白，在这种时候，自己不能叫疼，也不能让对方知道射中了自己的胸口。于是，他沉着冷静而又异常艰难地用手扶住脚，大叫：哎呀，我的脚被射中了。

刘邦这边的人一看不好，刘邦被箭射中，马上就来人把他给扶回去了。回去之后一检查，虽然隔着厚厚的铠甲，刘邦仍然被射断了两根肋骨。

断了两根肋骨对任何人来说都是很重的伤，对刘邦何尝不是。一般人受如此重的伤后，都会躺着好好休息。但是，刘邦却与常人不同，因为他不是一般人，他是汉王，他手下的将士都靠着他增长士气呢。所以，等敷好药后，手下的谋士就对刘邦说：您恐怕不能这样躺着休息了，因为如果将士知道你受了如此重的伤，肯定会军心大乱，这样对战争很不利。于是，刘邦就忍着疼痛，坐上战车，去各个军营里巡视，目的是让士兵觉得，大王无大碍，不必太过担心，从而稳定军心。

这就是刘邦作为一个领导者的沉着冷静，他不但机智，而且还能忍受痛苦。肋骨断了，也要装作没事似的坐着战车四处巡查。

沉着冷静是一种领导气度，是一种高超的管理艺术，更是一种领导者的王者风范。当突发事件出现时，领导者的一举一动，都会对部下的人心稳定有着至关重要的影响。作为一个领导者，沉着冷静，才能在关键的时候，对事情作出准确的判断，作出好的决策。如果领导者惊慌失措，那么，他很可能因此失去了应有的判断能力，无法作出正确的决定，或者草率武断，没有经过好的分析和判断而作出错误的决定。这样的决定，在很多时候，往往比不作决定的后果更糟。

同时，冷着沉静还是自信心的外在流露。一个人如果没有自信心，很难在危难面前表现得处变不惊，冷静自如。我们经常会看到有些人，平常给人的印象甚是豪爽，但是，真正事到临头时，却表现得惊慌失措，和他平常的表现判若两人。我们再来一起看一下古代荆轲的沉着冷静。

荆轲受到燕太子丹的礼遇，为了报答知遇之恩，决定去刺杀秦王。太子丹给了荆轲天下最锋利的匕首，让工匠用毒药水淬染过后，变得见血封喉，其毒无比。荆轲深知此行不容易，就想让人帮他，荆轲想让谁帮他呢？他想让一个远方的朋友和他一起去。因为荆轲是侠客，战国时候的侠客都是有自己信仰的人物，他们随时可以为了自己的理想和正义去献身。荆轲自己是侠客，他的朋友当然也不会是普通人物，所以荆轲就想要这个朋友和自己一起去刺杀秦王。我们知道，那个时候，秦国灭掉了另外六国中的几个国家，天下已经没有哪个国家能阻挡秦国的攻势了。荆轲去刺杀秦王，可以说是以个人之力去挽救天下，这种时候，他挑选助手当然不能随意而为。

但是，太子丹急着要荆轲出发。所以，他另外为荆轲准备了一个助手。这个人叫秦武阳，是燕国的勇士。秦武阳12岁就杀过人，别人都不敢正眼看他。所以，太子丹就让他跟着荆轲一起去。但荆轲却看不起秦武阳，他想等他的朋友过来了再去。太子丹却认为荆轲行动迟缓，怀疑

他不想去，就对他说："现在秦国逼得越来越急，我们的时间已经不多了，你打算什么时候去呢？要不让我先派秦武阳去吧。"

荆轲知道自己的朋友没过来，和秦武阳去很难完成任务，他生气地对太子丹说："我如果去了不能回来，就肯定是因为秦武阳坏了我的事！现在，我拿着一把匕首去凶险无比的秦国，之所以要推迟，是想等我的朋友过来帮我。你既然嫌我行动慢了，那么，我现在和你告别就是。"于是，荆轲就带着秦武阳出发了。

太子丹和他的宾客穿着白衣为荆轲送行，大家都知道荆轲此去的风险。荆轲的好友高渐离击起筑乐，荆轲和着曲调唱道："风萧萧兮易水寒，壮士一去兮不复返。"随着慷慨激昂的歌声，荆轲登上马车飞驰而去，再也没有回头看一眼。

到了秦国后，荆轲和秦武阳一起受到秦王的接见。果然，秦武阳捧着装地图的匣子走上台阶时，突然因为害怕而脸色大变，浑身发抖。秦王和秦国的大臣们都觉得很奇怪，荆轲看了看秦武阳，镇定地对秦王说："这小子只是荒野之地的粗人，没有见过世面，今天见到大王的威仪，所以害怕。"

荆轲的镇定自若终于让秦王没有怀疑，但是，最后刺杀秦王时，因为想把秦王活捉而没有成功，荆轲被秦王砍伤，最后被秦国的卫士杀死。

荆轲虽然死了，但是他的慷慨赴死、临危不惧的精神却一直流传下来，成为千古佳话。至于跟他同去的秦武阳，之前还被人们称为勇士，事后是什么结局从来没有人提起过。有人知道他，只是因为他曾经跟着荆轲一起去刺杀秦王。但他的胆怯懦弱，正好衬托了荆轲那种为了理想，不惧牺牲的伟大情怀。

高祖原庙乐沛殿

荆轲和秦武阳的表现，让我们看到了两种完全不同的处事态度。荆轲的沉着冷静是一种内在勇气的表现，只有有抱负、有理想的人才能够做到这一点。只有具有过人的胆识和破釜沉舟的斗志，才能在困难面前表现得无所畏惧。所以说，沉着冷静还是一种大义凛然的智慧。

冷静不仅仅是一种个人的修养，它更是成为领导者的必备条件之一。对一个领导者来说，经常面对很多常人无法想象的困难。在这些困难面前，只有沉着冷静，才能想出好的办法来克服它们。冷静也有助于领导者，在面对一些突如其来的事情时，不至于惊慌失措，有助于问题的解决。

领导者的沉着冷静，对下属可以起到一种稳定作用。遇到有事发生的时候，如果领导能够做到面不改色、镇定自若，下属自然也就觉得有了方向。而且，领导者在慌乱中作出的决定，也很容易出现错误。只有沉着冷静，才能静心地思考，才能作出好的决策。

不拘小节成大事

成大事者不拘小节，人的精力和时间是有限的，因此要做成一件大事，往往要集中自己的全部精力和时间去做，因而大多数成大事者一般都有顾不了其他事情的现象。不拘小节是一种统领全局的智慧，是一种抓大放小的气度。在这一方面，刘邦就很值得我们借鉴。

刘邦和项羽相峙的时候，刘邦就去找陈平想办法。刘邦问陈平，你看我和项羽两个人打仗这么久了，谁也打不败谁，这样下去天下什么时候能够统一？你快想一个好点子出来，让我能尽快打败项羽来结束战事。

陈平很有谋略，他思考后就分析给刘邦听。他说，我以前跟着项羽做事，对他了解甚多。项王这个人出身显贵，自视甚高。因为出身贵族，他很懂得礼数，也一贯遵守着贵族的道德观。就是因为这样，那些自视很高，注意自己身份名誉的人都跟随着他。这些人虽然对项王很忠心，中间也有一些有才能的人，但是项王性格多疑，他不敢放心地使用别人，这点和大王您不一样。按照项羽的这个性格，我们可以使用反间计，让项羽不再信任这些人。那时候，就等于砍掉了项羽的左膀右臂，这样不就能打败他了吗？

刘邦认为这个计策可行，就让陈平来做此事。做事就得有活动经费啊，刘邦马上就给陈平黄金，然后让陈平去做这件事情。那时候的黄金指的是黄铜，也是当时很贵重的金属，可以当钱来用。四万斤黄铜在那时也是一笔大数目了。至于钱怎样用，花在了哪里，刘邦全部不管。对刘邦来说，那些是细节问题，他只要管理好陈平，给他钱，给他充分的信任，这件事就算完成了。至于过程是怎样的，刘邦全然不知情。

对领导者来说，细节问题有些是因为管不过来，所以不管，而有些是故意不管的。这种对细节的不追究，其实是对臣下表示信任亲和的一种方式。

前面提到，淮南王英布造反，刘邦亲自带人去征讨，萧何留守京城，负责后方的所有事情。在这个过程中，刘邦不断地派人来问候萧何，身体怎么样啊？最近在干什么啊？都是些小细节，萧何知道刘邦忙啊，他一般不注意这些小事的。现在，他总是这样派人来表示对自己的关心，很让萧何感动，于是工作就更加努力了。

这时萧何门下有门客就看出问题来了，他问萧何，丞相你觉得皇上对你怎么样啊？萧何说，皇上很信任我，还不断地派使者来看我，问我好不好。这门客就说，既然这样，丞相离祸也就不远了。您想想您现在位极人臣，还能当上比这更大的官吗？皇上又怎么有时间来关心这些小事？他其实是不放心您，怕您谋反啊。

萧何一想，这话对啊，马上出了一身冷汗。这门客就给萧何出了个主意：自污。也就是把自己的名声弄坏。刘邦回到京城后，就收到很多老百姓告萧何的状子。这些状子上说什么呢？说萧何利用权势，强行购买百姓的地，弄得大家没有土地耕种，流离失所。

大家知道，刘邦是爱民的，从开始进咸阳起就秋毫无犯、不扰民。刘邦一直明白民心是天下之本这个道理，可是这次有人告萧何扰民，他

却没有生气，只是把萧何叫来，笑嘻嘻地把那些状子拿给萧何看。然后说：丞相，你治理国家是辛苦，得些好处也是应该的，但是你要注意一些啊，别让老百姓都来告状，我这也不好办啊。萧何点头称是，下去了。刘邦也没再追究萧何的责任。

为什么不追究萧何的责任？因为刘邦担心的是大事，是萧何谋反。如果萧何有谋反的野心的话，他肯定会勤政爱民，想办法收买民心，面子上做得非常好。就像当初刘邦为了取得江山对老百姓所做的一样。如果刘邦不是心怀大志，进咸阳以后就不会见到金钱美女不动心了。现在萧何捞钱，为自己弄些好处，搞得民怨沸腾，这证明他胸无大志，满足于现状，所以刘邦就放心了。比起谋反来说，占老百姓些地，这只不过是些小事，没有必要去追究他的责任。

在历史记载和现实生活中，都会存在这样的人，他们做不到"成大事者不拘小节"，看待任何问题都不注重大局，而是只拘泥于小节。在评价别人方面，他们不会全面看人，而只是纠缠于一点小过失。柳文在《与友人论文书》中曾经这样写道："大玉上的瑕疵，怎么可能损害它的光泽呢？"所以司马光在《谏院题名记》中说："处在这个官位的人，应当从大处着眼，舍弃细小之事。"这是对统治者和管理者的告诫，也是对所有人的劝告。统治者应从全局出发，不拘小节，人非圣贤孰能无过，所以要懂得理解别人，宽以待人，只有这样，才能利用他们的智谋达到自己的目的。

在开创事业的过程中，我们应该看到宏观的局面，也应该注意细节的完善，因为在成就事业上，细节有时候也会决定成败。但是在用人上，我们却要换一个角度看问题。

古人曾说：人无完人。的确，人都不是完美的人，每个人或多或少，都会存在一定的不足，可能是身体上或者精神上的，但这并不影响一个人才能的发挥。只要将他的才能用对地方，照样可以为自己的事业添加光彩。

相反，在人才管理中一个人表现得过于完美，那么就会有两种可能：一种，是这个人有一些不是很好的居心；另一种，就是管理者根本驾驭不了这种人。这也是现代一些知名企业在招聘人才时，看重人是否犯过错误，并且，犯过一些不是致命的错误的人，他们会比那些有着完美履历的人更加受到重视。因此，对细节问题不过分注意，体现的是用人上的一种大智慧。

要有自知之明

人贵有自知之明，能够了解自己，对自己的优点和缺点都能够正确认识，并坦然面对，这是一种宝贵的个人气度。自我认知、自我接纳是一种宝贵的人生态度，能够帮助我们树立信心，促进我们不断成长。

刘邦本人并没有读过太多书，也没有像张良那样拜过名师，但最后却领着一帮远胜于自己的谋臣猛将叱咤风云，最终问鼎天下。应该说他身上具备了一个成功者所必备的重要素质，那就是有自知之明。他很清楚自己的缺点和不足，所以他无论在行军、治国等各方面遇到问题时，都会经常对属下说一句"为之奈何？"，意思是"我到底该怎么办呢？"因为他知道自己能力不够，所以就选择经常倾听属下的建议。

首先要说的就是刘邦很清楚自己个人能力的高低，这一点从下面两个事例中就可以窥见一斑。

有一天，刘邦正在洗脚，士兵传报说营门外有儒生求见，刘邦便令军士告诉他，"现在兵荒马乱的，我不接见读书人"。谁知，这位儒生却不经刘邦准许，就直闯营门，还当着刘邦的面说："你为什么这样轻视读书人？"刘邦毫不客气地说："天下是从马背上取得的，读书人能干什么？"而这位读书人当即反问他："天下的确是从马背上得到的，难道也可以在马上治理吗？"听罢，刘邦深受触动，所以立即恭恭敬敬地起身，和颜悦色地向这位读书人赔礼道歉，并请他上座。

天下初定不久，名将淮阴侯韩信造反，刘邦征求大家的意见，诸将都建议直接派兵去活捉了韩信！可是刘邦沉默不语，问谋士陈平怎么看，陈平问他："陛下的士兵和韩信比怎么样？"刘邦想了想说："不如他的精。"陈平又问："陛下的将军有比韩信厉害的吗？"刘邦又说也没有。于是听从陈平的意见，设计擒拿了韩信。

其次就是刘邦能够能准许别人建言献策，并择优而实施，等实力壮大后，刘邦就率领军队所向披靡，听凭忠臣张良等人的谋策，避重就轻，剿抚并用，一路过五关斩六将，最后直抵关中。而萧何作为丞相，坐镇地方，负责军队的后勤供应。刘邦于公元前206年10月率大军兵临咸阳。这时，秦王子婴设计杀了奸相赵高，向刘邦献出玉玺，表示投降。因此，起义大军浩浩荡荡地开进咸阳城。当将士们看到秦都巍峨的宫殿、繁华的街市，顷刻间迷失了方向，只是趁机抢夺金银财物，连沛公也按捺不住，一有时间，就跑到秦宫去观望。当他看见宏伟的宫室，数不尽的金银珠宝、猎狗骏马、珍奇玩物和妃子宫女，顿时眼花缭乱，在忘乎所以的时候，刘邦对这些荣华富贵真是贪恋，以致都不想离开了。

他最想去看的就是寝宫，在有美女陪伴的情况下，他往龙床上一躺，就进入了温柔乡。突然，大将樊哙破门而入，大声说道："沛公您是想要天下还是想当富翁？这些奢华之物，就是导致秦灭亡的根本原因。您可千万别步后尘啊！"此时，张良等人也前来劝阻刘邦，刘邦顿时幡然醒悟，当即下令兵士查封皇宫府库、分文不取，然后带领众将士返回灞上。这样做不仅赢得了民心，更使自己避免了重蹈前人覆辙。自此，刘邦专心朝着统一天下的目标进发。

一人计短二人计长是最简单不过的道理，可是古往今来有无数英雄豪杰依然难以按此话行事。这些号称人中龙凤的领袖们就是不愿意放下身份向下属请教，他们认为这样一来就意味着向所有人承认自己的能力不如下属。大多数情况下，英雄都是从此开始走向末路的。一直到最后无力回天的绝望时刻，有的人还会可笑地仰天长叹一声："此天亡我也，非战之罪！"

古人常说的一句话就是：人贵有自知之明。这句话告诫我们，一个人想要获得成功，首先就要对自己有一个全面的认识，包括自己的个人素质、特长和缺点等等。只有对于自己有了正确的认识和了解，才能对自己进行一种正确的定位。

知人者智，自知者明，一个人在生活、工作和学习中，在追求成功的过程中，无论想要达到什么样的境界，都要首先做到有自知之明。诚实地展示自己，这是人生一道优美的风景线。在人生的道路上，人才成长和事业成功的关键是要有自知之明，做到心中有数，这对于打造成功的人生具有十分重要的积极意义。

所谓自知之明，就是对自我的一种正确认知。人生的发展首先是基于清晰的自我定位，而清晰的自我定位，就来源于正确的自我认识，可

以说人生成功的前提就是自我认识，因而自我认识在人生的成功中有着重要的意义。

领导者与管理者不可以没有自知之明，领导者和管理者在一个团体中处于中心位置，更应该保持清醒的头脑和明智的决断。管理者必须有自省意识，能够自我反省，认识到自己的不足和缺点，而不是自满自足，不思进取。

在我们的日常生活中，一定要准确地认识自己，给自己清晰的定位，这是我们走向成功的必要条件。

能容人之过

宽容是一种拿得起、放得下的大度胸怀，是对外界人和事的包容和接纳。宽容是一种看透人情世故后的豁达，是一种与人为善的观念释然。宽容是一种高贵的品质、崇高的境界，是一个人走向成功必须要具备的气度。

刘邦不计前嫌重用投奔他的人。在他的谋士和将士中，有很多人曾经是项羽的部下，由于项羽不礼贤下士，自己的才能无计可施，所以在项羽的部队中无法继续待下去，于是离开项羽投奔刘邦，而刘邦知道人才的重要性，他不计前嫌，对他们表示欢迎。如韩信、陈平二人是被刘邦重用的典范。韩信曾经在项羽部下当差，但由于项羽不重用，他的才能得不到施展，所以投奔刘邦。而陈平在投奔刘邦之前，侍候的主子更多。陈平原来在魏王手下做事，不被重用，故投奔项王，情况依然如此，顿时对他颇为欣赏，并任命他做都尉。其实，对领导者而言也是如此，如果领导者做不到礼贤下士，是不会招到好人才的，长此以往，恐怕连帐下之人也会离他而去。因此，领导者应懂得吸纳人才，更要懂得容纳人才，使其为自己所用。

在任用人才时纳谏，博采众议，以保证用人的准确性。刘邦用人一个最明显的特点就是不固执己见，而是善于倾听他人的意见。而这也是他能做到知人善任的根本原因。对韩信的重用就是一个很典型的例证。

韩信自幼研习兵法，能谋善断，胸藏韬略，是个不可多得的军事人才。他先在项羽军中任郎中，多次向项羽献计献策，始终不被重用，归汉后刘邦拜为治粟都尉。萧何多次向刘邦推荐，刘邦也一直没有重用。韩信见不得重用，打算离开汉营，另谋他就。但萧何又把韩信追了回来，并且再一次向刘邦谏言："诸将多得，至如信者，国士无双。王必欲长王汉中，无所事信，必欲争夺天下。非信无可与计事者：顾王策安所决耳。"希望刘邦能任命韩信做大将，在萧何的劝说下，刘邦固执己见，决定拜韩信为大将，将统领百万之师的大权交给他。果然不出所料，后来，韩信多出奇谋，屡建功劳。如"明修栈道，暗渡陈仓"、"声东击西，木窑渡河"、"背水为阵，智取井陉"、"十面埋伏，垓下决战"等，都为刘邦统一天下，立下了汗马功劳。

刘邦能重用陈平其实也是听从、采用纳谏的结果。陈平弃楚归汉后，刘邦马上任命他为都尉，并任用他作自己的参乘，而且还要监护诸将。然而，刘邦的这一做法引起部将的强烈不满。周勃灌婴等名将也都在刘邦面前谗言陈平，说他在家时盗嫂，先背叛魏王后背叛楚王，归汉后又昧金，是"反复乱臣也"。正所谓"三人成虎，人言可畏"。刘邦

在众说纷纭的情况下，也对陈平起了疑心，并责备向他推荐陈平的魏无知。而魏无知听说了刘邦的顾虑后，就大胆陈述了自己的人才观："臣所言者能也，陛下所言者行也。今有尾生、孝已之行而无益于胜负之数，陛下何暇用之乎？楚汉相距，臣进奇谋之士，愿其计诚足以利国家耳。盗嫂受金又何足疑乎？"这段话足以证明在魏无知看来，陈平是奇谋之士，他的智谋有利于刘邦争夺天下，至于与嫂子私通，收受贿赂这些小事无迹可寻，即使确有此事，也不影响他作用的发挥，所以不必深究，魏无知的话对刘邦很有说服力，所以，刘邦不仅采纳了他的意见，而且认可魏无知的用人思想，改变了用人策略，对陈平表示宽容，不仅不撤陈平之职，而且加官一级，陈平果然不负厚望，不断为刘邦出谋划策，为刘邦消灭项羽，建立西汉王朝，以及在后来平定诸吕之乱、保卫刘氏天下的斗争中，立下了汗马功劳。

在任用韩信和陈平上，要不是刘邦善纳谏言，有主见，或许这两位人才就不会为刘邦服务，更不会为刘邦出谋划策，至于天下最后归谁得都要重新判定了，或许历史就会改写。

由此可见，宽容是做人之本，其实宽容也是做领导之本。一位聪明的领导应该审时度势，首先判断矛盾的大小和性质，如果是一些无关大局的小事。就需要以一颗宽容的心来对待这些矛盾。"小不忍则乱大谋"，人人都不愿当受气包，偶尔发泄一下也是可以理解的，但是有很大可能我们这样一闹就断送了自己的锦绣前程。如果忍耐一下，可能会因此而得个有气量的美名。

俗话说："你敬我一尺，我敬你一丈。"许多人都是吃软不吃硬，如果遇到一个竞争的对手，对我们总是持不友善态度，那么不妨以退为进，也许我们的彬彬有礼会使他的傲慢无礼相形见绌自觉没趣，他自惭形秽之后，对我们的态度自然会有所改善的。

常常抱着一颗宽容的心，容忍别人的过错，不记仇，别人必然以自己的一技之长来酬答你。被你的大度宽容的仇人会良心发现，必会找机会报答。原因在于你不记他的过错，给他以希望，他要报恩的感情存于胸中，所以他的能量、才技被发挥出来，干一些大事也不是特别困难的事情，对己、对人、对社会都是一大贡献。那些专门收集别人的过错、寻找仇人的人，与不杀自己的仇人相比，真是太不明智了。

如果喜欢记仇，看不惯一些人的所作所为，甚至对他们的人格也有强烈的不满，只要不说出口，就会永远地存在于心里，长时间之后，愈积愈多的仇恨就会填满内心。

但慢慢地就会发现，记仇所造成的最大的受害者其实是自己，而被记恨的那些人可能仍然逍遥自由地生活。然而，这种伤害对我们的影响是双重的：最初我们因为对对方的不满及失望而感到不愉快，是第一层伤害；其次，将不愉快记在心里，折磨自己的身心，是第二层伤害。

身为领导，要有一颗宽容的心。工作中，领导常常容易发现别人的缺点，问题的关键在于如何对待别人的缺点。如果你想改变与下属的关系，那么你应该训练自己，在任何时候都要做到超脱宽容。

宽容的第一个原则就是宽容待人、尊重他们的个性。人的性格如天上的星星一般，虽然同在一片天空，但是以不同的形态出现，千差万别。每个人都有不同的兴趣爱好，也有不同的性格，所以，我们不能随心所欲地去要求别人。人的任何一方面都会有多种表现形式，我们不能以唯一的尺度作为衡量标准，而且要学会容忍别人与自己有不同的观点和志趣。企图控制和改变别人，不仅是不可能的，更重要的是还会伤害

了自己与他人的感情。

宽容的另一个原则就是不要将恨意铭记于心，尤其不要记恨别人的过错。这种情绪围绕着"以自我为中心"的价值观，对我们自身造成了很深的伤害。它不仅会破坏人与人之间的感情，还会严重地伤害自己，如果严重到一定程度，你会被苦恼所束缚，还可能影响身体健康，严重影响工作和生活。怨恨对自己、对别人都是很不公平的，如果别人真的错了，我们怨恨就是拿别人的错误惩罚自己；如果对方的做法合情合理，我们却还要怨恨，这说明我们自身有问题。或许之前自己也犯这样的错误，但能马上原谅自己，而对别人却斤斤计较，这是不对的。因此，当别人真的有错时，自己应宽以待人，只有这样，生活才会愉快。

我们在走向成功的道路上，也一定要保持着一种宽容的气度。

成功者善于大智守弱

古语说："宁伪作不知不为，不伪作假知妄为。静不露机，云雷屯也。"意思是说，宁愿假装糊涂而不有所为，不自作聪明而轻举妄动。要沉着冷静，深藏不露，如同雷云入冬，屯聚隐没一样。假装不知道而实际非常清楚；假装不愿做，实际上却是不能做，或等待时机到了再去做。这一点，在刘邦身上体现得尤其充分。

从前文可知，项羽分封诸侯时，封刘邦为汉王，并拨给汉王三万兵马（原来汉王有十万兵马，现在只给三万），随同他前往汉中。在秦末起义军的众将领中，汉王刘邦毕竟是一位声望甚高、宽厚仁慈、有长者之风的人。当他前往汉中时，楚与各路诸侯中因仰慕而甘愿随从他前往汉中的，竟有数万人之多。这对于汉王来说，无疑是精神上的一大安慰。

汉王率人马前往汉中，所经过的路线是从杜县南，进入蚀中。一是可走直通汉中的重要谷道，子午谷，南端的谷口是汉中的南康县；二是可以向西到达眉县西南，走斜谷，再入褒谷。从《史记·留侯世家》"良送至褒中"的记载来看，汉王是从杜南，经蚀中，然后西行到达眉县，由眉县西入斜谷，再经斜谷由关中到达汉中。

在进入斜谷之前，汉王所率领的将士们一路西行。途中，这些来自东土的士卒，仰望南面那横亘东西的秦岭，远方那层峦迭嶂、耸入云端的高山，听说山峦的那边便是汉中，心中顿生迷茫之感，真不知自己所要奔往的去处究竟是何方，离家乡又有多远，会是怎样的一个世界。不用说，在这西行的路上，将士们的心情是低沉的，人人少言寡语。

刘邦被分封为汉王，封地是汉中地带。可以说，对刘邦是不公平的。但是，项羽当时势力强，刘邦无法与之抗衡，所以他不争锋芒，势弱先忍，势强当起，不失为做大事之人的本色。可同日而语。刘邦忍为蓄势待发，赵构忍为苟且偷生。前面我们说过，刘邦到了关中以后，卧薪尝胆，徐图自强，其实也包含着一种无勇、无智、无为的战略。

到达眉县西南，大军进入斜谷，斜谷道路狭窄，几万大军一字穿行于峡谷之中，蜿蜒有十余里之长。自进入斜谷，穿越秦岭，又是一番景象。脚踏谷底的碎石，两侧是令人望而生畏的悬崖峭壁，飞鸟哀鸣，猿猴啼叫，一片凄凉的气氛。唯有头顶上的那一线天空，给士卒们以希

弱势赢家

刘邦有话对你说

望。行进在峭岩陡壁的栈道之上，这种栈道是在峭岩陡壁的险绝之处，傍山岩凿出洞孔，施架横木，铺上木板，以通行人马，而栈道下面则是万丈深渊。

道路艰险，吉凶难料，士卒们的心十分灰暗。至于汉王刘邦，一路上也是思绪万千。他总是用萧何的劝谏，来驱散时时袭来的无名烦恼。又幸亏有张良等人一路陪同，或指指点点，谈笑风生，或倾听张良讲述兵法，谈古论今。在部下将士们看来，他们的汉王如此神态自若，正是他们的安危和希望所系。

不争锋芒，只是一个人成大事的手段，而不是毫无进取之人的态度；偏安一隅，只是蓄势待发的准备过程，而不是苟且偷生地活着。刘邦做到了，他成功了，这是一个不容忽视的事实，那就是：暂且忍耐一时，自然会风光一世。

刘邦的高明之处就在于此，他大度能忍。自古能忍皆成大事。刘备不能忍，为报关羽被杀之仇，怒而兴师，哀兵必败，结果被陆逊火烧连营，几乎全军覆没，遗恨白帝城。江东猛虎孙坚不能忍，为报刘表截杀之仇而跨江攻击刘表，落了个身死他乡的结果。刘邦自起事以来险象环生，自知不如对手，每次他都能忍耐静待，但最后他胜利了，做了一代仁王帝主。

在关键时刻，一个人如果能够战胜自我，那么就没有什么困难可以挡住他，也就能战胜一切。这种能战胜自我的强者心态，就是忍。春秋战国时期，蔺相如能忍，他对廉颇的忍有口皆碑，而换来的最终结果是廉颇负荆请罪，两人一文一武同保赵国。蔺相如之所以忍是为了赵国的安危，而不顾个人的尊严面子，这是大智大贤之忍。

春秋吴越争雄，勾践亡国，勾践夫妇沦为吴王的奴仆。勾践忍辱负重，咬紧牙等了三年时光，取得吴王的信任，被放回国。他努力治国准备了五年时间，终于忍到了时机成熟的那一天，一举打败吴军，逼死夫差，做了春秋霸王。这是未敢忘忧之忍，终于报了奇耻大辱。

刘邦沛县起兵，势力一直很弱，但他有自知之明，处处忍让，最后终于一统天下。

鸿门宴之忍。本来按楚王约定，先入关者为关中王，刘邦抢先入关了，可是项羽气势汹汹兴师问罪，摆下鸿门宴，更有项庄舞剑，伺机刺杀刘邦，险象环生，项伯拔剑起舞以身护之，后刘邦身边谋士张良想出了脱身之计才得以逃脱。试想一下，如果刘邦当时不忍，而与项羽分庭抗礼，那后果自然不堪设想。

项羽虽然在鸿门宴上没有刺杀刘邦，但他与范增怀疑刘邦有争夺天下之心，则是没有异议的。但是，刘邦与项羽既已和解，在秦朝已灭分封诸侯的前夕，项羽为显示他这位霸主是出于公心，对违背与刘邦和解的约定有所顾忌，不愿在分封诸侯之前引起诸侯的叛乱，便没有对刘邦动手，而暗中策划"巴、蜀二郡地处偏僻，道路又很艰险，秦朝被流放的人都是迁往蜀地。"于是项羽等人便扬言"巴、蜀也是关中的土地"，因而封刘邦为汉王，领有巴、蜀、汉中三郡，都于南郑。巴、蜀地处偏远，汉中盆地又甚狭小，三郡都是在崇山峻岭的环抱之中，对外交通受山岭阻隔，道路艰险，极不便利。

项羽、范增封刘邦为汉王，并让三位秦将称王于关中，其目的是把汉王困于汉中。这对于项羽来说，当然是一步高棋；而对于刘邦来说，则是一种困境。为此，汉王大怒，忍无可忍，想要率兵攻击项羽。刘邦的心情和想法是可以理解的。然而率兵攻击项羽，其后果将会是什么？

刘邦的部下由于所处的地位不同，他们比他要冷静得多。当刘邦一

时激怒想要率兵攻击项羽时，周勃、灌婴、樊哙都劝解，认为万万不可如此。其中，萧何的劝谏起到了至关重要的作用。萧何劝谏说："虽说称王于汉中是件坏事，但总还是比一死要强些吧？""何至于一死？"汉王反问道。萧何回答："如今我们的兵力远不如项王，如果交战必将是百战百败，怎能会不死！那种能屈于一人之下而伸于万乘大国之上的，正是汤王、武王这样的人。愿大王称王于关中，长养人民，招纳贤士，收用巴、蜀地区的物力和人力，还兵平定三秦，如此便可以图谋天下了。"

萧何的劝谏，精辟地分析了天下形势，指出在敌我力量悬殊的情况下，攻击项羽只能是死路一条。为此，萧何举出历史上汤武二位圣王如何在困境中暂时"屈于一人之下"而后来又"伸于万乘之上"的事例，来宽慰和提醒汉王，使汉王的一时激愤化为乌有。在此基础上，又为汉王提出了一条"养其民以致贤人，收用巴、蜀，还定三秦，天下可图"的十九字正确路线。这十九字箴言，点亮了汉王心中的明灯，汉王终于高兴地说道："讲得太好了！"

值得一提的是，刘邦有时也会忍无可忍，但他能在将士们的提醒下，清楚地认识到只要自己忍住，摆出一副无勇、无智、无为、弱小的样子来给项羽看就行。其实从哲学的角度来看，刘邦的做法暗含着一种守弱。

守弱是老子哲学中最重要的精神之一。

相对于整个宇宙来说，人是渺小和脆弱的。虽然这样，但人是宇宙中最不谦卑的生物，他们经常以"人定胜天"、"征服自然"的口号响彻云霄。其实，过多展现外表的强悍、高傲，往往是人类不自信心理的反应，而强悍和高傲是他们追求的目标。在日常生活中，我们经常会发现这样的情况，当人取得成功时就会感到不安，而拥有权力之后却感到害怕，这些情况一直困扰着人类。

越是伟大的智者，越了解自己不过是发现自然的力量而已。如果不去顺应自然的力量，必会遭到失败。越有智慧的人，越懂得向大自然表示谦卑和敬畏。

刘邦的守弱是先保存实力，以图日后东山再起，这才是真正成功者所为，大丈夫所为。

根据老子的学说：道永远是顺其自然而没有形态的，没有一件事是它做不到的。君王如果以道的准则来治理国家，万事万物就会潜移默化地向前发展。还指出：圣人顺从自然的规律，无所作为也就无所失败，无所把持也就无所丢失。

孙子曾经说道："善战而取胜的人，往往不喜欢展现自己的智谋，也不喜欢被众人赞美自己的勇敢和成功。"当战机未到时，要表现得像个呆子一样沉着冷静，如果假装癫狂，胡乱行动不仅会暴露战机，而且也会引起三军猜疑。所以，装作呆子者必胜，而装作癫狂者必败。有人说："假装糊涂不仅可以迷惑敌人，还可以指挥控制自己的军队。"三十六计中有假痴不癫之计，它作为一种政治权术，而广被政治家所用。这种计谋是在形势不利的情况下，装疯卖傻以减少政敌对自己的警觉，而自己以此寻找合适的时机出其不备。

换一种说法，守弱就是无智名，无勇为，以无为胜有为。或者说，不与对方争锋芒，偏安一隅，并且遇到不利的事情忍，有时甚至自吞一点苦果，这都是为了迷惑敌人，以保存自己的实力，伺机而发。

无为并不是一件事都不做，而在于尽到做领导的职责。无畏并不是引之不来，推之不去，而是说要遵从客观规律。

只有无为的领导，才拥有大智慧，大眼界、大气度、大谋略。有大智慧才能看得透彻，有大眼界才能目光长远，有大气度才能包容万物，有大胆略才能拿得起、放得下。

刘邦作为一个从社会底层发展起来的领导者，这种人生智慧是值得我们学习的。

以德服人

以德服人，是我们对人的一种态度，更是成功者的一种气度。面对千千万万的世人，各不相同，我们想要适应生活，适应社会，就应该抱定以诚待人，以德服人的态度来适应人们不同的个性。

新兴的国家一旦建立起来，边境问题就成为最关键的问题，几乎所有的新兴朝代都有同样的问题，而刘邦在这个问题上为后代既留下了教训（如对匈奴的征讨），也留下了经验（例如对待南越的问题上）。

我们知道，秦朝时赵陀本是真定人，而秦政府则命赵陀率十万"楼船之士"向岭南进军，占领悉易。随后，秦始皇在那里设置了南郡，任命任嚣为南郡守尉，而任嚣则任命赵陀当了龙川县令。

秦末爆发农民起义，当时任嚣身患重病。他感觉自己活不多少时间了，所以把赵陀叫到床前说："陈胜、吴广、刘邦、项羽这一帮人把天下弄得不太平，至于今后形势怎么样，任何人都无法预料。南郡之内有好几千里，地方富裕，山川险峻。我本来是想派兵阻断中原通往岭南的路径，不让乱军窜入，但是现在我病成这个样子，真是力不从心。我看你很有才能，又有众人辅佐，所以在这里过得很好，小则能成一方霸主，而大则能成一国之君。这件事我想了很久，今天就托付给你，你可别辜负我的期望啊！"说完，就把秦朝颁赐的符节文书转交给赵陀，赵陀发誓自己一定会按任嚣的嘱托去做。

任嚣死后，赵陀当了南郡守尉。他除掉秦政府任命的官吏，全部换成自己的亲信，又给秦越城岭、都庞岭、萌诸岭、骑田岭、大庚岭的驻军发出命令，要他们严守关隘，不许中原军队进来。秦朝被推翻的消息传来，赵陀趁机攻占了桂林郡和象郡，控制了整个岭南，自封为"南越武王"。

由于岭南的主要居民是越人。因此，赵陀采取团结和依靠越人的政策，在各级行政机构中，吸收越人做官，组成汉、越联合政权。他尊重越人的习俗，自称"蛮夷大长老"，带头穿戴越人的服饰；鼓励汉、越通婚，让自己的孙子婴齐和王室子弟娶越人的女儿为妻。王室的女子也嫁给越人首领。对边远地区的越人首领，经常送些礼物进行拉拢，越人对赵陀都很感激。

刘邦也认为赵陀把南越治理得"甚有文理"。他忙于巩固在中原的统治，决定对山高路远的赵陀采用安抚手段，使之"和集百越"，不要成为南边的祸害，便派太中大夫陆贾为特使，带着诏书、王印和礼品，去岭南封赵陀为南越王。

赵陀根本不把朝廷的特使放在眼里。他头上不戴帽子，挽着一个大大的发髻，腰里不系带子，露出黑黝黝的肚皮，两条腿叉开，很不雅观地坐在地上，俨然是一位未曾开化的蛮夷酋长，等着陆贾拜见。

陆贾不卑不亢，义正词严地说："你是中国人，你的父母、胞弟和祖先的坟墓都在真定。如今你怎么能忘了中国人的习惯，把自己打

扮成这般模样，难道你是想凭借南越这块小地，跟皇帝对着干吗？如果真是这样，那你就错了。秦朝纲纪败坏，苛政暴政，天下英雄纷纷举兵加以反抗，将士们流血牺牲，推翻了它。而你在这场革命中不仅没有立下战功，还割地自立，这样太不对了吧。对于你的这种行为，朝廷的将相都要求讨伐你。但大汉皇帝因为不愿劳苦百姓，所以才派我送上王印，破例封你为南越王。你应该知恩报恩，以礼相待，用臣下的礼节到郊外隆重迎接才是，没想到你却如此不通情理。如果这事让皇帝知道了，一定会掘了你的祖坟，灭了你的家族，再派十万兵马来南越问罪，到那时候你手下的将士一定会杀了你归附中原，你肯定也会死无葬身之地！"

陆贾对赵陀采取的策略是晓之以理，动之以情，临之以威，的确起了作用，赵陀赶紧站了起来，连连谢罪说："由于我在边远地方住的时间太长了，所以忘记了中原的礼节，还望先生多多包涵。"随后，他赶忙返回内室，穿戴整齐后，按照礼仪接受了朝廷的封授，并摆设酒宴，为陆贾接风。

赵陀喝得满脸通红，借着酒劲问陆贾："我和萧何、曹参、韩信相比，谁的本领比较强？"

陆贾不想扫他的兴致，所以就顺口说："你比他们都强一点。"

听到陆贾如此说，赵陀兴奋得忘乎所以，又问："那我跟当今皇帝比呢？"

这可是原则问题，当然不能信口开河。所以，陆贾正色回答："当今皇帝是布衣出身，在沛县起兵，征讨暴秦，消灭强楚，继承三皇五帝的伟业，为天下人谋利益。在他管辖的土地上，土地辽阔，人口众多。而国内政治稳定、经济繁荣，这是历代以来还没有过的。你治理越国，人口不过几十万，而且大多数百姓尚未开化，住地又崎岖不平，充其量只能算得上大汉的一个郡，你有什么资格跟当今的皇帝相提并论呢？"

赵陀自嘲地说："可惜我没有留在中原，所以才沦落到这里当上皇帝！"说完，自个儿又哈哈笑了两声。

陆贾在南越逗留了几个月，在这段时间内，他和赵陀开怀畅谈，并且劝他一定要牢记臣子应该做的事情，要与中原搞好关系。在陆贾打算回长安时，赵陀奉上贵重的礼物，表示心甘情愿地向中原朝廷俯首称臣。

刘邦对陆贾的南越之行非常满意，于是给他升了官。在此后几年里，南越和汉相处融洽。而双方在边界上设立榷坊，互通有无，这极大地促进了南北经济的发展。

刘邦死后，吕后掌握政权。她对南越经济的进步很不放心，采取了错误的政策：封闭与南越的关市，严禁向南越输运铜、铁工具，就是牛、马等牲畜也只许出售公的，不许出售母的，并骂南越人是蛮夷。赵陀生气了，宣布与中原朝廷断绝关系，还领兵攻打长沙郡，夺占了几个县城。吕后派了几万人马去讨伐。北方的士兵不习惯南方的湿热气候，大多得了疫病。南越的军队守着五岭的山口，汉军在北城打了一年多，还是到不了岭南。

吕后死后，讨伐赵陀的残兵败将只好撤回，赵陀更加狂妄了。他出兵威逼周边的小国向南越纳贡称臣，又用重金贿买居住在今福建、浙江境内的越人首领，使他们成为属国。几年工夫，赵陀控制的疆域从东到西，扩延了万里，他自称为"南越武帝"。出入乘坐黄金包镶的马车，车前竖立天子的大旗，一切设置都和中原皇帝一模一样，边境上的局势也十分紧张。诸吕集团被除，汉文帝继位后，决心恢复

高祖皇帝时的安抚政策，重新与南越修好。他先在真定修复赵陀的祖坟，派驻专人管理，四时奉祭。赵陀的兄弟亲属都封了官，赏赐大量财物，然后派陆贾为特使，再次出使南越，劝说赵陀归汉。赵陀被感动了，取消了皇帝的称号和天子仪仗，并向全国发布通告说："两雄不俱立，两贤不并世。从今以后，永做大汉的藩臣。"汉与南越的和好关系，又维持了好几十年。

古语云："遇欺诈之人，以诚心感动之；遇暴戾之人，以和气熏蒸之；遇倾邪私曲之人，以名义气节激砺之；天下无不入我陶冶矣。"意思是说，遇到狡猾欺诈的人，要用赤诚之心来感动他；遇到性情狂暴乖戾的人，要用温和态度来感化他；遇到行为不正自私自利的人，要用大义气节来激激励他。假如能做到这几点，那天下的人都会受到我的美德感化了。这一段话讲出了以德服人的重要性。

现在看来，刘邦为巩固中原统治，对赵陀实行安抚的政策，避免了其成为南边的祸害，在当时是高明的，值得后人效仿。以德服人是我国古代贤人修身治国的重要信条。相对于南越的历史情况，德服百越是最佳的选择。刘邦建国后，国力一时还没有强盛到像秦始皇当年一样。即使是秦始皇，对于南越的情况也不得不安抚，所以刘邦的安抚政策是很对的。相比吕后对于南越的征伐，以及后来文帝的作为，更能体现出以德服人的英明之处。

历史证明，在人际交往中绝不能颐指气使，而是要以德服人，这样才能真正地让人口服心服。如果领导人对于不服从自己的人，采取武力和权力等高压手段，虽然能使其暂时归顺，但心里未必真服。相反，如果以德感人，别人就容易受到感动，也就容易真心归顺你，才能为你出谋划策，献计出力。

以德服人是做人的根本，以德服人是我们当今宣扬的物质文明和精神文明的重要基石和标志。以史为鉴可知兴替，以人为鉴可知得失。我们想要获得成功，也要注重与人交往中的以德服人。

第六章

刘邦对你说 *厚黑王道*

　　厚黑学的发源起始于李宗吾先生，而其影响则应自《厚黑学》而来。他在《厚黑学》一书中，宣扬脸皮要厚如城墙，心要黑如煤炭，这样才能成为"英雄豪杰"。他以曹操、刘备、孙权、司马懿、项羽、刘邦等人物为例，试图证实其厚黑学，以及这些人之厚薄与黑白如何影响他们的成败。在李宗吾先生的例证中，尤其推崇刘邦的厚黑之道。

学会适时隐藏自己

木秀于林，风必摧之，在风云变幻的时代，要想生存下来，懂得适时隐藏自己是很重要的。在我们现今的社会中，想要获得竞争的胜利，也要学会低调做人，不能把自己看得太重，只有将我们自己看轻一点，才能够更加接近梦想的高度。古代帝王刘邦就是这一理论的最佳实践者。

虽然贵为帝王，但刘邦出身平民，所以在很多时候，刘邦最懂得在适当的时候放低姿态。而项羽作为刘邦的对手，从一开始就把自己定位为英雄，也经常以不俗之辈的姿态出现，从来都是高高在上。至于他最后的乌江自刎，其实也是性格使然。

由于刘邦一直生活在社会的最底层，所以刚到咸阳时，他很难不被无数的金银珠宝和美女所诱惑。刘邦牢记之前诸侯之间的先进咸阳者为"关中王"的约定，所以在他进入咸阳之后，最初的打算就是在秦朝宫室中住下来，好好享受一番。但是樊哙劝阻他说："秦朝灭亡的根本原因就是贪恋这些华丽的宫殿、美女和奢侈的生活，你还想步秦朝的后尘吗？所以，你还是先撤军到灞上去吧！"刘邦有些恋恋不舍，于是就找借口说："我长期作战，现在已经筋疲力尽了，你就让我在这里睡个安稳觉吧！"其实，刘邦的意思是要在秦宫中享受一个晚上。樊哙看见说不动他，于是就去叫张良过来。张良对刘邦晓以大义，最终，刘邦决定带着军队撤回灞上。

回到灞上之后，刘邦召集秦地有声望的人，并与他们约法三章：杀人者死，伤人和盗劫者按罪处罚。之后，他还废除了前秦的一些酷刑和法规，因此得到了秦地百姓的拥戴，大家相互转告，想要留刘邦为秦地之王。曾经有人这样劝刘邦说："秦地可真是个好地方，现在它不仅是天下最富有的地方，比其他地方要富有十倍，而且地形也险要，是称王成就霸业的好地方。现在前秦大将章邯已经投降了项羽，项羽封他做了雍王，也就是秦地的王。如果他来了，关中之地，就没有你的份了。您可以派兵去守住函谷关，不让别的诸侯进来，然后在关中招兵买马来增强您的实力。"刘邦感觉这个人所言很有道理，于是就马上派兵把函谷关守了起来。

项羽打败了章邯，让他向自己称臣，并封他为王，之后，项羽就领着兵直奔关中，打算争做关中王。当项羽听说刘邦已经入关，而且还派人守住函谷关，立刻大怒。于是，他命令英布领兵攻打函谷关，而自己带着大军直奔咸阳。

曹无伤作为刘邦的手下部将，看到项羽对刘邦是如此不满，所以想讨好项羽，于是他想出了一个办法，就派人去对项羽说："刘邦不仅想做关中王，还令秦王子婴做宰相，把秦国的财宝全部占为己有。"听罢，项羽怒冠冲天，而亚父范增对项羽说，刘邦是项羽的对手，而且对他威胁也是最大，何不趁机找个理由灭掉刘邦。于是，项羽让士兵吃饱喝足，准备第二天攻打刘邦。

如果作战，刘邦根本不是项羽的对手，因为他手下只有10万兵，而项羽手下有兵40万，且项羽的军队作战能力令各诸侯国都望而却步，这可急坏了刘邦。所以一旦刘邦接受项羽的挑战，无异于以卵击石。

项羽的叔叔项伯跟张良的关系很好，所以在得知项羽即将对刘邦作战时，他趁夜潜入刘邦营中去劝张良逃走。因为项伯知道战事一开，双方都会有很大的损失，而张良只是一介书生，难以自保。在得知项伯的好意后，张良觉得更不能扔下刘邦，自己离开，于是他去问刘邦：沛公是不是真的打算要与项羽反目成仇？刘邦告诉张良，曾经有人对刘邦说只要把守住函谷关，不让别的诸侯进来，刘邦就可以占领天下最富有的秦地，并且可以称王。听完刘邦的话后，张良又问，那你认为以你现在的实力，能够抵挡住项羽部队的进攻吗？刘邦沉思之后，说肯定挡不住，可是现在能做什么呢？

于是，张良拉着项伯去见刘邦，刘邦知道项伯对自己的未来很重要，所以就设宴款待，而且在酒桌上跟项伯很是亲热，坦言把自己的女儿嫁给项伯的儿子。看项伯对自己已经解除了戒心，于是刘邦就对项伯说："我入关后，对于秦宫里的财物，我丝毫没有动，而是把所有的财物都封存起来，为的就是跟项将军一起享用。我派兵驻守函谷关，是为了守住关中之地，防止其他势力入侵。我日思夜想，希望你们早点来，怎么敢有造反之心呢。麻烦您今晚一定向项将军解释清楚这件事情，免得他误会。"

正所谓"吃人嘴短"，在喝了刘邦的酒，与刘邦定为亲家之后，项伯只能答应刘邦去帮他说情。但是他对刘邦说："这件事情我可以帮你说情，但你必须亲自去向项羽道歉，只有这样才能得到他的原谅。"刘邦答应了，于是，项伯连夜返回了军营。在项伯回去后就对项羽说："正是因为沛公先行进攻关中，我们才得以顺利入关。即使他没有功劳，也有苦劳啊，我们不该怀疑他，如果怀疑并攻打他会被天下人所耻笑的。"项羽于是取消了第二天进攻刘邦的计划。

第二天正如他与项伯所约定的，刘邦前来向项羽道歉了，为了避免项羽误会，表明自己的真诚，刘邦只带了樊哙、张良和一百多名士兵。在这时候，项羽的大帐设在鸿门，而范增还不知道刘邦会来时就提醒项羽说："刘邦这个人生性贪财好色，但是这次进了咸阳，无数的金银财宝和美女并没有为他所动。由此可见，他的志向不小，所以要趁这个机会除掉他。"

项羽答应了范增。所以等刘邦来后，项羽就设下酒宴，请刘邦喝酒。在酒席上，刘邦送给范增一块玉，而范增多次举起玉来看，目的是用目光暗示项羽除掉刘邦。但项羽犹豫了，因为在他看来通过这种形式来杀刘邦，会陷自己于不仁不义中。看项羽迟迟不下令，范增只得想到去找项庄，让他借着舞剑助兴为名，趁机把刘邦杀掉。看到这种情形，项伯却故意说，一个人舞剑没意思，不如自己也一起舞，如此暗中保护刘邦。

张良觉得情况不妙，于是马上出去告诉樊哙，樊哙听后闯了进去。而项羽见樊哙身体强壮、生性威猛，所以命人赐酒食。樊哙大口吃掉几块牛肉、喝了酒后，瞪着眼睛对项羽说："沛公率兵提前进入，没有要一丝财物，而是全部封存起来，就是为了等将军到来后一块儿享用。但如今您却听信小人的谗言，误会沛公，这不是让天下诸侯心寒吗？"项羽听到樊哙的一席话后感到很丢人，就低下了头，无言以对。

刘邦看情势不对，于是就以上厕所为由离开了。然后他让张良带些玉器去见项羽，说沛公因为酒喝多了，所以先行回去。听说刘邦逃走了，范增气得把张良送给他的玉器扔在地上摔得粉碎，然后破口大骂项羽道："你真是不听人劝告，到时夺得天下的，肯定是刘邦这个人了。到时候我们也都会成为刘邦的俘虏。"刘邦返回营中后，最先做的事情

就是立刻把中伤他的曹无伤杀掉了。

这是刘邦第一次向项羽卑躬屈膝，他主动向项羽示弱为的就是让项羽失去进攻他的理由，这样做保住了他以后和项羽争夺天下的资本。

在项羽进入咸阳大举封王之时，刘邦再次向项羽低头。因为项羽进了咸阳，不仅对宫中的财宝和美女进行了大肆地劫掠，而且为了掩盖自己的恶行，还一把火烧掉了秦宫。另外，在封王时，项羽封了19个诸侯王，而他自封为西楚霸王主管天下兵权，并尊楚怀王为义帝。

而为项羽进入咸阳立下汗马功劳的刘邦却只被封了个汉王，管辖之地为当时贫瘠的汉中和巴蜀之地。项羽这样的定位令刘邦很不满意，他想马上带兵去和项羽算账。但是刘邦的这个想法却遭到了手下将领周勃、灌婴、樊哙的反对。他们三人的理由是：现在项羽的军事实力是刘邦根本无法企及的，这场战争要想胜利根本不可能。这时萧何也站出来说道："您在汉中做王虽然是苦了一些，但是总比白白牺牲要好的多吧？"

其实刘邦是个聪明人，对于萧何表达的意思他很明白，只是他咽不下这口气，现在跟项羽一争高下只是气话而已。于是刘邦再一次服从了项羽的分封，远赴巴蜀和汉中做了汉王。

刘邦这两次向项羽低头，在表面上看来好像是刘邦害怕项羽，其实不然，刘邦只是为了保存日后与项羽决战的本钱。第一次低头是在鸿门宴上，此举是为了保住性命，逃脱了一次大劫。而第二次低头是因为在借口要和项羽争天下时，手下将领们为了他好不断加以劝说，这让他明白了自己的将领是如此忠心，就连险恶贫瘠的巴蜀之地他们都愿意陪同前往，而作为他们的主子，刘邦更没有理由不去了。

两次低头，给了刘邦喘息的机会。日后，他听从了将领的意见，在汉中广招人才。但最令刘邦欢喜的是，这次随他一起进入汉中的，还有韩信，他是一个军事天才。韩信曾经一直跟随项羽左右，但总是得不到项羽的重视。再说项羽的军队所向无敌，所以韩信也没有太多的表现机会。韩信也曾经给项羽提过很多军事作战计划，但项羽从没有采纳过，而是直接扔掉，这对于一向自信的韩信

刘邦像

是很大的打击。

这次刘邦要去深山中任职，韩信也向项羽表示，愿意一同前去。韩信在为项羽服务时，项羽根本没意识到韩信的军事才能，更没想到日后就是这个韩信，会用十面埋伏把自己赶上绝路。看到韩信是如此想跟随他，所以答应了韩信的要求。作为一个能忍受市井无赖胯下之辱的英雄，韩信终于如愿与刘邦走到了一起。其实，韩信在刚进刘邦阵营时，也同样没得到重用。多亏刘邦手下有一个识得千里马的萧何，所以才有了后来萧何月下追韩信的故事。

只有放低身段，受辱不惊，才能实现自己的梦想。刘邦两次向项羽示弱，并不是说明刘邦懦弱，而正好体现了他的智慧。正因为他能够忍受一时的气愤，真正地认识到自己的实力，正所谓"忍一时风平浪静"，在这平静的日子里，不断发展壮大，才有了最后与项羽逐鹿中原的机会。如果当初刘邦意气用事，不听取辅佐大臣的话，而是一味地任性做事，面对项羽的挑衅积极反抗，必然没有后来的大汉王朝，中国的历史也必将改写。

不知道大家是否看过企鹅从水里上岸的过程，企鹅要上岸时，它会猛地低下头，从海面扎入水中，拼力沉潜，潜得越深，海水产生的压力和浮力就越大，企鹅一直潜到适当深度，再摆动双脚，迅猛地向上一冲，就会如离弦之箭一样蹿出水面，落到陆地上。

现实生活中，无论是谁都会遇到不如意的时候，就好像刘邦在天下初定的时候，并没有得到应该属于自己的东西。这时是怨天尤人的望难兴叹还是蓄势待发，关键要看自己以怎样的心态和行动去对待。在这方面，企鹅的沉潜给我们以有益启示，学会以"沉潜"积蓄力量，变被动为主动，变无为为有为，就能最终实现自己的人生价值。

企鹅沉潜得越深，承受的压力越大，积聚破水而出的力量就越大。现实生活中，我们也要这样，先放低身段，自己肯深潜下去，在压力中积蓄力量，之后再次跃出水面时，才能更贴近梦想。人生不如意十之八九，需要我们把挫折当做重新崛起的开始，当作历练自己的机会，坚持、坚持、再坚持，迎难而上才能强势跃升。

巧用厚黑借力策略

一个人努力地要追寻自己的梦想，竭力要完成一项事业，是值得敬佩的。但是在我们真正面对着竞争的时候，就会发现，一个人的力量是有限的，有些事情，凭借着自己的力量是无法实现的。这时候，不妨将"面子"放下，向别人借上一点力量，来完成自己的事业。刘邦就是善于借势的代表。

刘邦在沛县起兵后，随着队伍的壮大，便率萧何等四处寻找粮食，以维持队伍的生存。临行前，他将丰邑交给了自己的同乡人雍齿固守，雍齿从小和刘邦很熟识，他的身份地位比刘邦要高，因此对于自己在刘邦手下过日子心有不甘。正好魏将周市率军南下经略沛县及丰邑等地方，雍齿便举兵降魏。刘邦闻讯大惊，立刻带兵反攻，但雍齿闭城坚守，刘邦攻城不克，成了没有根据地的流浪部队。

刘邦在雍齿背叛之后，心中就对这个朋友有了不满，初若不是雍齿心胸狭窄，自己就不会那么快失去丰邑。刘邦决定借助他人力量收回自己的大本营。《兵法三十六计》中有一个计谋叫借刀杀人，本是形容借助他人或者他人的势力，自己不出手去把眼中钉除掉。现在，刘邦灵机一动，自己的势力抵不过雍齿，但是靠山的力量是绰绰有余的，何不依靠他人的力量来帮助自己打一个胜仗呢？

刘邦有两个靠山可选，其中一个是三楚之一的景驹。以刘邦之意，借兵只是小事，如何依靠强势力量为自己谋取利益，奠定集团之基才是重中之重。目前景驹虽比不得魏、赵等国，但是魏国入侵，已与景驹成为敌人，敌人的敌人就是朋友。再说田詹与周市是冤家，但田詹是否看得上自己还是另一回事。张耳、陈余虽与自己交好，但武臣一死，李良降秦，赵歇刚刚上位，赵国仍处内乱边缘，张陈二人即便有心相助，也无一兵一卒可派。能助刘邦者，唯有景驹。此时，吕雉也帮助刘邦分析，说景驹目前也正需要像他们一样的起义军，如果互相帮忙，说不定大事可成。刘邦于是决定带领萧何和樊哙等人一起去投奔景驹。萧何虽然舍不得已经经营得很好的沛县，但还算通情达理，横下心和刘邦一起去投靠景驹，路上又遇到也想要投奔景驹的张良。刘邦又和张良结下了很深的缘分，以致以后有了"三留张良"的佳话。张良带一队

人马想投奔景驹是想以后复兴韩国，于是和刘邦有了共同的目标，一起向景驹奔去。

然而，不幸的是，秦朝官员虽然很弱，军队还是很强大的。景驹虽说势力已增，但有一名叫章邯的秦军将领领军队大败了景驹。希望之火刚刚在刘邦的心中燃起就又被扼杀在了萌芽中。刘邦很快镇定下来，想下一步该投奔谁，结果分析之后决定向项梁集团借兵。当然，直接说出来是不好的，刘邦是懂得方圆艺术的领导，因此，他采用褒扬人的方法先把项梁说得心里舒畅了，然后再帮助项梁分析了一下当今的局势，最后才说出自己想借一点人手收回曾经的大本营。项梁好话也听了，当然很乐意地就把兵力借给刘邦。

人生在世，无论是做什么事情，学会看准自己的实力，这是十分重要的。

刘邦与项梁在薛县城中相见，项梁见了刘邦，心中也暗暗赞叹，好一个俊朗人才。二人相互叙礼罢，项梁说道："早先听说沛公领军起义，打败过很多次秦军，可以给我讲讲你的经验吗？"刘邦明知项梁是在试探他，于是说道："项将军有所不知，秦朝官员虽然昏庸，但是秦军还是不可小视的。他们人多，力量也大，若是小看他，必然是以卵击石，不自量力啊。现在各诸侯纷纷独立，确实不是一个很好的办法啊！"项梁表示同意，"沛公说得非常对，现在我正想联络诸侯，共同来反抗秦朝的暴政呢。"刘邦开始了分析："合兵一事，必须要能担大任者去做，想那秦嘉，确实不义，擅立伪主，三楚之士谁能服他呢？这也是我弃他而去的原因，并不是我不讲义气，实在是大局当前，要看准共事之人。项公祖祖辈辈都是楚将，凶猛善战无人不知，无人不晓，并不是我刘邦在此大话，确实是会盟之君非项公莫属啊！"

项梁听到这样不露声色的夸赞话，当然很是开心。刘邦凭借他那三寸不烂之舌接着往下说道："我想了想，大局当前只有项公一人能担当此任，因此，赶来会盟，想拜在项公门下，不知道项公会不会嫌弃我这个粗俗之人。"项梁见了这么会说话的人当然是欢喜得很，于是刘邦又进一步说道："只是有一件事情对我束手束脚的。我本来有一个好友，我对他算是很好的了，只是他没有良心，在我反抗秦军时他背叛了我。这个人很奸诈，我怕以后对项公也有所阻碍，我想向项公借兵去攻打他，好一心跟随主公。"项梁立刻答应道："这就给你五千兵马，怎么样？"刘邦心中大喜说道："得了主公这一大恩，今后一定会好好地跟随您。"

就这样，刘邦借来了项梁的五千兵马，又得到英布一千军马在背后相助。雍齿还没有和刘邦正面作战，看到这样的阵势就丢下城池逃命去了。

刘邦借军这一事件在很多人眼里觉得是不可思议的，因为一个不起眼的小集团竟敢登门拜访那么大的一个企业，并且一开口就是让对方给自己帮助。其实在这里面，我们看到的是刘邦所具有的心态，他并没有为自己的力量微弱感到自卑，相反，认真地思考过之后，以十足的信心去向一个名牌企业借兵。在他的思想里，布衣也可以做天子，也就是说人是没有地位高低之分的，因此刘邦就是靠着被当时不认可的"厚颜无耻"观念借到兵的。

厚颜无耻往往形容小人，说他们脸皮厚，什么事情都做得出来。其实，有些时候，我们恰恰需要一点厚颜无耻，比如说一个企业在建立初期，一定是需要一些厚脸皮的人。因为从企业这一方面来看，厚颜乃是一种不怕被人耻笑的心态，有了这种'厚'的面罩，才不会让别人轻易

把自己打败，才不会让别人轻易地就把自己骂下阵来。

刘邦靠语言技巧和勇气借了兵，他虽然也知道求助于人不好，心中也会有那么一丝不舒服。可是，他最终还是以一种"我就是想加入他的集团学习学习，这点小事对项梁集团来说根本不值得一提"的心态，一咬牙，一狠心就去向项梁集团借兵了。

刘邦是出了名的忍耐家，在他创建企业的一生中忍过不胜枚举的大大小小的事情。正是他的这种超乎常人的忍耐力帮助他打败了不懂得忍让之道的项羽，最终建立起了汉朝大业。

对比一下项羽，项羽被围困在垓下时，面临四面楚歌的境况，这段历史大家都很清楚，在这里就不多说，我们的重点是放在项羽本身的心态上。项羽本来是有机会再过江东，重建大业，东山再起也不是不可能的。可是项羽这个一出生就当领导，没有和员工共同生活过的贵族公子受不了被人看不起的眼光，脸皮是相当薄。于是，尽管心有遗憾，还是拔剑自刎了。

我们为什么会说项羽失败呢，是因为他确实不能忍耐，刘邦正是抓住了他这一个要害，想尽办法让他走向绝路。刘邦则不是这个样子，他很会忍，就是不会忍也被张良说教的会忍了。他在项羽集团时常常忍受项羽的不屑目光，在韩信想山中称大王时忍了，在鸿门宴上也忍了。总之，在大事上刘邦都是有忍的能耐，即使心中再火也不会在其他人面前表露出来。

善于经商的犹太人就非常善于借助他人的力量。有一位犹太人商人，想要加入石油运输的行业，但是他手中只有一艘快要报废的旧油轮，根本不具备参与石油运输的能力。这位商人希望通过银行借贷来获得资金，但是没有任何一家银行愿意把钱贷给一个没有任何抵押物品的商人。他没有因此放弃，而是另辟蹊径，将自己的旧油轮以极低的价格长期租给一家石油公司。并企图用租金来按时归还银行的利息，终于有一家银行同意贷款给他。于是他购买了一艘比较好的油轮，再次租给了石油公司，并继续之前的办法，向银行贷了第二笔款项。周而复始，这个商人就凭借着借助银行的力量，获得了自己的发展。

现代的人是不是也该向刘邦学习一下呢？适时放下面子和自尊心，学习别人的长处，该向人求教的时候不要那么死板，灵活一点对自己是大有裨益的。

在沉默中发展自己

一个弱小者，当遇到强大的人时，是逞一时之勇、冒死拼搏还是暂时吃亏，以待将来强大了再一决雌雄呢？当然，有匹夫之勇而没有将领智谋的人会选择第一个，而那些斗智不斗勇的人则会选择来日再一决高下。

刘邦起事后，力量较为弱小，并且由于雍齿背叛了他，使他在刚起事时，就遭遇了挫折。不过，他并没有因此消沉，为了积蓄自己的力量，他选择了加盟策略，先投奔景驹，随后投奔项梁，尤其是加盟项梁集团，无疑为自己找到了一棵大树。而后来的发展历程证明：刘邦加盟项梁集团，迈出了他博弈天下至关重要的一步。

但是刘邦刚刚加入项梁集团的时候，他仅仅是一个寄人篱下的小将领，凭借着一点小事迹，仗着释放劳役、芒砀山起义等表现出的小英勇

博得了大集团的一丝好感，才同意他留在集团里工作的。刘邦自知比不上别人，出身不好，又没有多少正式的工作经验，因此收敛了他在自家兄弟面前的那副无赖形象，开始以长者的胸怀来做一名兢兢业业的员工。刘邦的收敛并没有让项羽这个大集团里的经理看在眼里，他对刘邦是什么态度呢？他心中有这么一个想法："不就是一个小兵吗？出身那么低，也配来到我们公司上班吗？真是不自量力啊！"项羽自始至终对刘邦都没有太好的印象，总觉得他是一个难成大事之人，心理上给予鄙视。

刘邦深知自己在没有任何资金、任何技术的时候不能和别人硬碰硬，因此总是默不作声，对于发生的任何事情都一言不发。但是他的心里却有着一股不服输的精神，他暗暗发誓有一天一定要得到天下。可见，人若是有了志向，有了奋斗目标，就不能小看他。一个人如果想走在别人的前面，成为别人的榜样，就应该有一定的谦虚意识。无论自己曾经多么被别人羡慕和称赞，但一旦进入一个陌生的环境中，对很多事情都不了解，作为一个"新人"一定要谦虚谨慎、请教他人，如果在这种情况下还要以一副"老人"的姿态出现，必定会吃大亏。更主要的是，如果因为自己的幼稚而犯了错误，必然会招致同事和领导的不满，也会影响自己的心情。更糟糕的是，即使不是你的错，也可能让你承担责任。这时候要学会忍让，否则争执只会使事情更糟糕，不利于自己的工作。所以，在任何时候都应该有放低姿态的心理准备，必要时更得行动。

当然，我们要懂得低头不能低志，学会低头并不是说你要平庸于他人，而是要你在强者面前学会积蓄力量，在强者面前找到自己的人生坐标。刘邦戎马一生，不仅仅在项羽面前低了头，在儒生面前低了头，还在敌人面前低了头，可是他每一次的低头都是为了更好地壮大自己，每一次的低头都是在为自己的企业寻找力量的支点。作为企业的领导人，该向这位表面看起来庸俗，内心却大智大勇的人学习一番了。那么，刘邦在职场中是如何做到大智若愚的呢？

刘邦投奔项梁后，遇到的第一件大事就是各路反秦豪杰关于立谁为王的事情。项梁召集了大家一起来商议，他先讲了天下目前的形势，反秦的趋势越来越明显，但是要想光复大楚还要走很多艰难的道路。分析完天下大事之后，项梁又接着说道："张楚王已经去世很久了，大楚复国的希望就落在了各位将领身上。我想早日拥立一位适当的楚王，对号召各方，凝聚力量是十分重要的。大家就对这件事发表一下自己的看法吧！"

拥立楚王是一件事关重大的事情，弄不好会使已经团结的力量变得涣散起来，因此大家都很谨慎，谁也不肯发言。过了好久，项梁又催促大家发言，他说道："大家不必拘泥于此，只要有利于反秦复国，什么话都可以直说。"

也许是项梁催急了，有人直接说道："大将军出身将门世家，几世为上柱国，现在又身兼重任，起兵诛秦，功高日月，比起陈胜吴广有过之而无不及，大将军何不自立为王？"有人起了头，下面的附和声就多了起来，不断有人要求立项梁为王。项梁并没有立即表态，他向大家挥挥手。等到大家都安静下来，他转向刘邦，说道："沛公怎么认为呢？大家倒想听听你的意见呢。"

刘邦回头看看张良，张良两手做了一个推的动作。刘邦立刻领会到了其中的内涵，于是站起来说道："项大将军一家德披天下，对此早有定论。我刘邦没有什么话好说的了，唯大将军之命是听。"

这几句话说得很是巧妙，既尊敬了项梁，又把他抢过来的大棒抛了回去。

刘邦在项梁集团的时候可谓是做事谨慎，凡事能不出头就不出头。他深知自己处在一个到处都是人才的公司，如果自己的一句话说不好，小则让同事排挤自己，大则很有可能丢掉在这个集团学习经验的机会。刘邦可不是一个表面上糊涂、内心也糊涂的人。

在现实生活中，有这么一些人，他们不知道自己的份量，总是觉得自己是处处优越于别人。殊不知天下的人才多的是，天外有天，山外有山，就像一幢大楼，一层比一层高。如果你只是一个出身低微又没有受过多少教育的人，就不能只凭自己的一身野气在别人面前显摆你的霸气。这样，你永远不会服人，永远不会让别人对你产生好感，你也就做不出大事来。

刘邦不同于陈胜这些起义军，不像他们一样目光短浅，没有远大的志向。在那时还有一股可以与秦军对抗的力量，那就是项梁集团。当时楚国只有一个保护神——项燕，他一个人抵挡不了外部大众的力量，最终战败，楚国也走到了末路，被秦国吞并。项氏家族也遭到破坏，本是贵族的项梁不得不带领侄儿项羽奔走他乡。项梁虽然是一个出身高贵的人，但是他丝毫没有一点贵族的高傲与清高，相反他志向远大，虽然流落他乡但是暗暗纠结力量，壮大自己来完成父亲未完成的志向。刘邦和项梁有同一个特点，那就是不急于出头，不急于把自己推入风口浪尖中，而是不动声色地在私下里准备一切，等到时机成熟再出来一鼓作气完成自己的夙愿。

刘邦在准备中一点一点地让自己强大起来，而项梁逐步强大起来的经验让刘邦明白了自己应该从何处入手。刘邦和项梁的发迹似乎相同，然而又有一点不同。那就是在做县令的时候，刘邦是有意去和县令结为反秦义军，而县令反悔在先，刘邦不得已诏令百姓杀之。而项梁则是在郡首诚意召见下挥剑杀死他的，这一点上的凶狠也为他以后的失败埋下了伏笔。但是不管怎么说，项梁的志向和经历还是给刘邦不少的影响，他的强大势力还是帮助了刘邦这个弱小群体，刘邦在项氏集团中低调做人，却一边默默发展自己的实力等待着机会。

一个人强不强，不是看这个人多么出名，多么有权势，而是看这个人有没有让自己强大起来的基础和本事。真正有本事的人，总是厚积薄发，低调做人，修于内而成于外，这才是让人真正佩服的成功。

古人以自己的经验告诉我们"满招损，谦受益"。一个人风头太大，就会遭到打击。一个人过分追求完美，反而会遭到挑剔和批评。大多数人会同情弱者，却敌视比自己强的人；能够忍痛踏实做事的人，却方便那些张扬跋扈的人。所以强势的人际关系紧张，也自然容易招致他人的反感情绪。生活中这样的情况很多，因此为人处世一定要谦虚谨慎，千万不要狂妄自大，过度张扬。

真正的强者总是莫测高深，不显山露水，默默耕耘，苦心孤诣，直至成功。甚至成功之后这些人都不愿意张扬，而是继续探求，寻求突破，这才是真正的强者，低调而强硬的强者。

低调的人总是喜欢藏锋守拙，待机而发，在别人面前表现出来的更多的是大智若愚、大巧似拙。因此，低调是一种修养，是成就大事的一种方式。

用好"乌龟法"

　　每个动物的器官构造都有其特殊的用处。例如乌龟背上的硬壳，遇到特殊情况，就把头和四肢缩进去，等到合适的时机，它就可能把头伸出头来狠咬对方一口，然后再也不松口，这让它的敌人奈何不了它。中国有句俗话，叫做"为人学得乌龟法，得缩头时且缩头"！

　　刘邦鸿门宴逃脱后，被项羽分封为汉王，不得已而为之，准备去巴蜀当汉王。他在这里一忍再忍，范增却又产生了新的主意！

　　范增深信天命，忽然想起刘邦是火命，所以他斩白蛇、树红旗，如今居住汉中为王，正是西方。西方为金，火炼金，必然要成大器。急忙去给项羽说："大王封刘邦为汉王，刘邦心中十分不满；他的将领都是关东之人，人人都忿忿不平，以为大王背约分封。如今不除，必为后患。"

　　项羽说："分封诏书已出，天下大局已定，何必又生出这么多事？"

　　范增说："我有一个主意：明天各位诸侯来见大王，大王就问刘邦，'我封你为汉王，你去不去汉中？'他如果说'去'，大王就可定他图谋不轨；他如果说'不去'，大王就定他抗旨不遵的罪名。大王就可以杀他，除去这个心腹祸患！"

　　两人密商已定。

　　第二天，各路诸侯王来朝项羽，礼毕。

项羽问刘邦："汉王，我封你去汉中，你去还是不去？"

刘邦不敢说"不去"，但也不愿说"去"，他灵机一动说："我的俸禄是君王给的，命运全掌握在君王手里，我怎么好说去还是不去？我就像大王的马，鞭子抽我，我就往前走；拉住缰绳，我就停步待命。"

项羽笑着说："汉王真会打比方！"

刘邦的几句话满足了项羽的虚荣心，项羽诛杀刘邦的心意一下子没了踪影。

刘邦回到汉王营，张良急忙来见他。

张良问："汉王知道今天的危险吗？"

刘邦惊讶："今天又有什么危险？"

张良说："汉王真是洪福齐天！刚才霸王问您去不去汉中，如果大王回答'去'，霸王就会说你图谋不轨；如果大王回答'不去'，他就会定你想当关中王的罪名。如果不是汉王善于应对，今天必定遭杀身之祸！真是天意！"

刘邦大惊失色，半天才回过神来！

刘邦巧答，拍了项羽的马屁，又未让对方抓到任何把柄。

在回答这种有预设前提的问语之时，千万不能简单地回答"是"或者"不是"。刘邦虽然没有经过系统的逻辑训练，但是他凭着天生的机灵，无意中躲过了一场飞来横祸。

刘邦听了张良的分析，心中十分害怕，忙向张良讨教，希望早一天离开这是非之地。

张良说："我马上就去找项伯和陈平，商议脱身的办法。汉王作好准备，等到霸王下令，立即起身，可以避免祸害。"

张良悄悄见了项伯和陈平，详细叙说范增企图加害刘邦的事，求告

说："汉王如今去汉中就职，但还没有脱身之计。倘若他去汉中平安无事，决不会忘记今天的相助之情。"

陈平沉思半晌，附耳低声叙说巧计。张良大喜，催请陈平用计。

项羽当上西楚霸王，封范增为丞相，号为亚父，项伯为尚书令，钟离昧为右司马，季布为左司马，龙且为大司马，丁公为左将军，雍齿为右将军，陈平为都尉，韩生为左谏议，英布为引战大将，而韩信还只是一个执戟郎。陈平是都尉，凭他的职务，可以直接奏事。

项羽分封诸侯之前，派人告诉楚怀王，尊他为义帝，并以"古之帝者，地方千里，必居上游"为由，劝义帝迁都郴州，自己迁都彭城。但是义帝一直还未动身，项羽心怀不满，召集楚国群臣商议。

陈平趁机奏道："天无二日，国无二君，民无二主。如今大王已经颁诏改怀王为义帝，分封天下，却又向怀王请命，这是国有二君。如今百姓尽皆传言，如今天下是以臣封臣，古今罕见。这样，大王的威信不足以征服天下，下臣愚见，最好是尽快派丞相亚父带领二位骁将，赶赴彭城，催促义帝起身，放到偏僻的地方，从此不用请命。"

陈平为了帮助刘邦离开项羽，又担心范增从中作梗，特向项羽献上这样的计策让范增离开项羽，以便用计。

项羽听了陈平的话，正合心意，立即下旨，叫范增带着桓楚、英布赶赴彭城，催促义帝速往郴州，并将彭城修饰整齐，他打算去参观参观，表示一下难忘故地之情。

范增不好违抗命令，只好先去准备，然后辞别项羽。

但范增对项羽很不放心，他叮嘱项羽说："我如今遵命去彭城，唯恐有人蒙蔽大王。我有件三事上谏，大王定要留意。第一，大王千万不要轻易离开咸阳。关中自古就是建都之地，天府之国，沃野千里，进可攻，退可守。第二，大王应该重用韩信，韩信有元帅之才，只是时运不济。大王选拔重用，必能横行天下，所向无敌。大王如果不想重用，不如趁早杀了他，免让得他再投靠别人，遗害无穷。第三，大王不应该让刘邦去汉中，暂时留他在咸阳，等我回来，再作处理。这三件事非常重要，大王一定要切记！"

项羽说："亚父速去早回，这三件事，我牢记在心。"

虽然对项羽还不放心，第二天范增还是带着桓楚和英布奔赴彭城。

范增刚走两天，陈平就上表项羽，声称各路诸侯云集咸阳，每日费用极大，唯恐关中百姓难以支撑，最好是把他们遣散，让他们各自回到封地。

陈平的表章把情况说得十分紧急。项羽看完奏章也觉得很有道理，就立即传令新封各路诸侯王，五日之内都必须各自回到封国就职，汉王刘邦和韩王姬成暂时留在咸阳，再另做打算。

张良与陈平谋划，本来是想劝项羽遣派诸侯回国，刘邦也可以趁机去汉中，想不到项羽来了个"汉王刘邦除外"，张良一听，大吃一惊！

张良心想汉王危险了！如果范增从彭城回来，必然会想方设法加以谋害，怎么能够去汉中？

张良急忙去见刘邦。

刘邦说："今天霸王下令新封诸侯到封地就职，但是却将我刘邦除外，这一定是想要谋害我，先生你看，这到底该怎么处置呢？"

张良献计："汉王的家人都在沛丰，明天您上书霸王，要求去家乡接人，我自有计策拯救大王。"

刘邦就让郦食其写信，次日去见霸王，要求回沛县搬取家小。

项羽说："汉王要去沛丰搬取老小，这也是孝子之意，但是恐怕不是

出于本心。是不是因为昨天我叫你暂时留在咸阳，所以今天才来上书？"

刘邦开口说："我父亲年老，母亲已去世，家里没有人孝敬他，我天天都想他。大王新定大位，我也不敢太早奏报，骚扰大王。如今各路诸侯都回家去封地了，都能有机会孝敬父母，大王单独留下我刘邦在咸阳，不知道什么时候才能见到父亲？"

刘邦说到伤心之处，禁不住弄假成真，哭泣起来。

张良启奏："不能让汉王回家搬取家小，只能叫他去汉中为王！大王派人去取刘老太公一家作为人质，可保汉王不敢生出二心。"

项羽说："把汉王留在咸阳，没有叫他就国，就是怕他产生异志。"

陈平趁机说："大王既然已经分封刘邦为汉王，布告天下，而今又把他留在咸阳，恐怕失信于天下。不如听从张良劝谏，叫人把刘太公一家老小取来咸阳当人质，叫汉王去汉中为王。一可取信天下，二可管住刘邦，可谓两全其美。"

项羽一听，觉得有理，说："既然这样，汉王去汉中为王，不得请假去沛丰搬取家小。"

刘邦听说，假装哭泣，拜伏在地，久久不起，要求一定要侍奉老父，回乡接人。

项羽信以为真，就说："你先去汉中就国，等我迁都彭城之后，派人将你老小接去彭城赡养，那时你慢慢来取，也不失孝敬的意思。"

刘邦拜谢道："感谢大王圣恩，今生不敢忘记。我今日就此告辞大王，赶到汉中去！"

刘邦表现得何等恭顺，快快告辞回营。

楚将钟离昧听说项羽放了刘邦，急忙劝谏说："亚父临走的时候，告诫大王不可让刘邦去汉中，如今大王怎么忘了？"

项羽说："扣住刘邦一家老小，就可以管住刘邦了，又何必硬要为难刘邦呢？何况封诏已经布告天下，怎么听信亚父的一句话，叫我失信于天下呢？既然如此，派人传令，只准刘邦率领三万人马就国，其余人等全部留下。"

钟离昧与韩信是好朋友，秘密与韩信商议。

韩信感叹地说："让汉王去汉中就国，又不准携带家小，正中了他的诡计。日后汉王借口思念父母，率领三军东进，我们都要成为他的俘虏了。可惜亚父金玉良言如今全部难以实现！"

再说刘邦回到营中，吩咐三军正要启程，突然接到项羽指令，只准带领三万人马随行。已经到了如此地步，张良、萧何、郦食其一班谋臣，忙劝刘邦一忍再忍。好在刘邦的兵，长期跟随的人不多，大都是原来陈胜、项梁手下的散兵，刘邦经过挑选，带了三万，其余交给了项羽。

关中父老因为"约法三章"的政策，对刘邦感怀至深，听说刘邦要去汉中，都扶老携幼，哭哭啼啼地前来送行。刘邦再三抚慰，百姓送了一程，还要送一程。

萧何趁机给项羽制造一些不良舆论，他出面劝告百姓说："霸王法度十分严格，你们不要远送，恐怕因此受到连累。"一番话更令老百姓感慨不已！

汉王告别关中百姓，张良令樊哙等人催动大军飞速前进，经安平、扶风、凤翔、宝鸡、散关，到凤阳，入栈道。

栈道是在悬崖峭壁之上用木材依山势架成的"桥梁"，是巴、蜀、汉中通往关中的要道，刘邦士卒大都是关东人，哪里见到过这样的高山深谷，这样的艰险道路？

将士们议论说："我们来到如此险恶的地方，如果有人把守，一定死无葬身之地。与其坐地等死，不如杀回咸阳，与项羽决一雌雄，这才是大丈夫所为。"

樊哙等一班武将也跟着叫嚷，要杀回关中去。面对如此情况，刘邦虽然心有不甘，但依然听从了张良、萧何等人的劝说，继续向汉中前行。

到了南郑，刘邦选择良辰吉日，宣布就国，安抚百姓，施行布德，宽厚待民，实力很快发展起来。

释迦牟尼佛住世时，有一天，经过河岸，见一只野狼，想吃乌龟，可是乌龟将头足缩回壳内，多时不动，没有忍耐心的野狼最终无可奈何，有忍耐心的乌龟则继续悠哉悠哉地散步去了。

忍得一时之气，免得百日之忧。这就是长说的"乌龟法"的来源。而刘邦的厚黑之道，就将乌龟法发挥得淋漓尽致。

刘邦不断地一退再退，实际上每退一步，都给自己换来了更大的发展空间。

人类虽有各种能力，保护自己的方法也很多，但是"乌龟法"不失为最为重要的一种。刘邦的乌龟法是学得炉火纯青，项羽侮辱他，他忍气吞声；韩信要挟他，他忍痛割爱；为了顾全大局，不废太子。如果没有这个办法，后果也许会截然不同。

乌龟因为有保护自己的甲壳，人们悟出了它的特性，发明了"乌龟法"。所谓"乌龟法"，用一句简单的话来说，就是保护自己。

西周开国君主周文王，为了保护自己，不敢多说一句，处处小心谨慎，但还是被纣王关在地牢里，最后把自己的儿子送到纣王那里作人质，又装出十分忠于纣王的样子，才免于一死。当然，他的目的不是当一个忠臣，而是要统一天下。他的儿子周武王实现了他的这个愿望，消灭了商纣王，推翻了商朝。

刘邦的胜利，很大程度上也是乌龟法的胜利。这是十分值得我们学习的。

欲成大事　舍弃私情

古语有云：大行不顾细谨，大礼不辞小让。说的是在我们走向成功的道路上，想要做成大事，就不能拘泥于细节，更不能在乎世人的评论和责备。将厚黑做到了极致的刘邦，就充分体现了这句话。为了成功，他将儿女亲情都放到了一边。

历来对于刘邦的评说很多，但是没有哪一种能够真正说清楚刘邦的本性。刘邦灭项羽，建立汉朝，史称西汉，成为中华民族文明之开端，因此后世也多自称为汉人。刘邦建国，自称汉朝，事出偶然，因为当时反秦之时，项羽怕刘邦日后势力强大，和自己争夺天下，故而在分封诸侯王的时候封刘邦到汉地，称之为"汉"王。而这位从亭长成长为大汉王朝的开创者刘邦，其人其事，之所以能成功也并非一般的伦理道德能解释明白的。

刘邦接受分封、入主汉中之后，开始养精蓄锐，积攒自己的实力，以图天下。经过几年的发展，刘邦开始挥师向东，想要和项羽争夺天下，开始了四年的楚汉战争。双方战斗异常激烈，刘邦思量一番，认为这样的持续战争并非好事。于是他问从项羽处投奔而来的韩信，什么办法可以迅速胜利？韩信早已被刘邦任命为大将，于是他给刘邦出主意：

如能进攻项羽所驻的都城——彭城，那么胜算就很大。

刘邦听从了韩信的建议，开始着手准备攻打彭城的事情，但在刘邦心里，攻打彭城并没有什么信心。彭城乃项羽所都之重地，军事部署密集，况且刘邦和项羽交战多次，刘邦胜少败多。因此，刘邦的内心深处，充满了对项羽的恐惧之感。但即便是这样，刘邦毅然拜韩信为大将，将军事指挥权交予韩信，足见他对韩信领兵作战能力的认可。

事情正如韩信所言，刘邦所率领的大军很快就攻下了彭城。主要是因为项羽部队的主力此时正集中在齐地，所以刘邦不费吹灰之力，没有受到什么阻挡，轻而易举就拿下了彭城。

彭城拿下之后，刘邦一改往日的作风，竟允许士兵在彭城中大肆抢掠百姓的财物。进入咸阳之时，刘邦及其部属秋毫未犯，攻下了彭城后，刘邦整日呆在项羽之前的王宫中饮酒作乐，还命令属下查收了项羽的财产和美女。刘邦手下很多人对他的这种做法都极为不满，然而刘邦听不进手下人的劝阻，依然我行我素，不知改正。

刘邦之所以会如此，跟他长期以来与项羽对抗，处处受项羽的制约有关，刘邦心里有怒气，所以借着攻下彭城的机会，好好地发泄了一番。有人说这时的刘邦充分暴露了"流氓"的本性，但不可否认的是，刘邦很有可能是想借机消泯项羽军卒的士气。因为彭城乃项羽所都之地，彭城虽然被攻了下来，但是项羽的主力却并不在彭城，而是驻扎在齐地。刘邦即使为以后的战争做准备，也必须深思熟虑。所以，刘邦在彭城的所作所为，与韩信后来攻项羽所采用的战术"四面楚歌"一致，为的是打击项羽军卒的士气，好让他们知道，彭城作为楚的都城尚且如此，更何况其他，跟着项羽是不会有什么好结果的。

项羽得知彭城为刘邦所破，于是召集兵士，亲率齐地三万部队赶往彭城。项羽经过推断，认为刘邦虽然率重兵攻打彭城，但是攻下后，必定削弱不少，其自身战斗力一定下降很多。

项羽勇猛，军队的战斗力也强，到达彭城后突然发起进攻，刘邦及其部队此时正在睡梦中，并无防备，再加上本来就很弱的战斗力，汉军没抵挡多久，就败了下来。韩信匆忙下令，命部队火速撤离彭城，汉军听到撤退的命令，乱作一团，加上指挥错乱，十几万大军被挤死在睢水中，死伤太多连睢水都几乎被大军所阻断。

然而，刘邦侥幸逃离，下属夏侯婴率着十几人，趁混乱之际，天色昏暗，掩护主上逃脱。

刘邦乃沛县人氏，在攻打彭城的时候，他并未想到自己又会被项羽偷袭，以至败退。因此，刘邦命人将其家眷带往沛县，并交给了其同乡的审食其照顾，并叮嘱审食其一定要照顾好家人。

项羽再破彭城，汉军战败的消息传来，审食其猜测到项羽定会派人前来抓刘邦的家眷。刘邦还有两个儿子，此时不在身边。为防不测，审食其将刘邦的两个儿子托付给亲戚代为照顾，自己只身带着刘邦的父亲和妻子逃进山中躲了起来。

刘邦在夏侯婴的掩护下从彭城逃了出来，接着去了沛县。但此时审食其已经带着刘邦的父亲刘公和他妻子吕雉逃进了山中，于是，刘邦就将两个儿子带上开始逃亡去了。

项羽得知刘邦家眷在沛县，于是派部队前去抓获，恰巧发现刘邦及其亲兵逃亡在前，项羽部队于是拍马急追了上去。夏侯婴在前驾车，随后的几十人断后，刘邦带领着仅剩的几十人拼命地想要逃离项羽部队的追赶。

楚兵追赶刘邦，并没有停下，刘邦眼看逃脱不易，于是命令士兵把

在车上自己的两个孩子扔到车下面去，这样可以减轻重量，以便自己可以逃走。但是他的部下并没有执行命令，并认为刘邦的做法违反常理，太不可思议了，他们谁也不愿意去做这件事情。俗语有云，"虎毒尚不食子"，刘邦此时却早已顾不得这些了，他亲自抱起两个孩子，就把他们扔下了车子。

夏侯婴看到后立即停下，又将两个孩子抱了回来。刘邦见夏侯婴抱回两个孩子，大怒，向夏侯婴吼道："你还把他们抱回来干什么，他们两个无用，留在车上会害我们大家丢掉性命的。"

夏侯婴面容严肃，昂首说："虎毒犹不食子，汉王如今的做法，若是传了出去，会被天下人所耻笑的。"

刘邦很生气，举起剑指着夏侯婴说，如果他不把孩子扔下车去，就杀死他。但是夏侯婴没有畏惧，而是坚持自己的做法，随行的兵士也表示支持夏侯婴，把孩子留下。刘邦无奈之下，只好同意他们的做法，让夏侯婴指挥军士。终于，经历颠簸之后，刘邦等人逃脱了楚军的追击，来到了汉军所控制的下邑。

后世多指责刘邦自私残忍，是因为他的这种逃亡之中舍子自保的做法。但是反过来思考一番，刘邦所说的话又不是完全没有道理的。假如牺牲两个孩子，能够挽救大家十几条性命，虽然看上去过于残忍，但这也许是情急之下万不得已的最佳选择了吧。况且，刘邦对项羽十分了解，他料定项羽的为人，不到万不得已，项羽是不会杀害刘邦的孩子。

有一部电影记载了解放战争中的一个故事，其中有一个画面是：有一支共产党的部队被国民党围追堵截，被迫转入深山之中。正在这个时候，随军的一个婴孩哭了起来，孩子的母亲担心孩子的哭声会暴露共产党军队的位置，因而用被子捂着婴孩，后来国民党的部队走了，那个婴孩却因为缺氧而死。

在战争的紧要关头，尤其是生与死的面前，作出的决定往往是心痛的，很多人会选择牺牲自己的亲人，以应对这样的危急关头。电影中那位妈妈的做法，可以想见她当时内心的痛苦和犹豫，但她更明白什么才是最重要的。假如那个孩子不牺牲，部队很可能会暴露，牺牲的怕就不仅仅是一个人了，而那个孩子最终也难逃一死。

而此时，我们可以想想那些认为刘邦自私残忍的人，如果按他们的意思，刘邦不该牺牲孩子，应该牺牲自己或者士兵的生命，来保住自己的孩子。其实这些对刘邦肆意指责的人，恰恰反映了他们的一种妇人之仁。

古书有云："类似诱之，击蒙也。"所要表达的就是用极为相似的东西去迷惑自己的对手，那么对方就会懵懂上当。这种计谋很多人称之为"抛砖引玉"。

钓鱼的人要选好诱饵，"引玉"的人先得做好"抛砖"。诱敌先要迷敌，二者间有着很大的联系。古人以为：迷惑敌人的办法有很多种，但最为有效的不是那种张设旗帜、击鼓鸣锣的虚张声势，而是懂得如何利用战术做好自我伪装，真真假假，引而诱之，出奇制胜。

"抛砖引玉"这个成语，最早出自《景德传灯录》。传说唐朝有一位诗人常建，听闻好友赵嘏往苏州，便认为他必定会去游灵岩寺，于是就先到寺里写了两句诗。赵嘏看后，就在后面补了两句，组成了一首绝句。然而，赵嘏所做要高于常建，这便是"抛砖引玉"的由来。"抛砖"是一种方式手段，"引玉"却是其目的。抛出去的是砖，引回来的是玉坠，是一种伪装于敌的战术。用相似的东西去扰乱对方、迷惑对

方，让对方做出错误的判断，把假的当成真的，然后再谋算消灭对方，这就是用"抛砖引玉"的真正内涵，也是它的关键之处。

刘邦安全度过了危险时期，但刘邦三弃亲骨肉的事，却令人深思。刘邦与平常人在很多方面是相同的，如他有父母、兄弟、妻妾和儿女，在与亲人骨肉之间，他具有常人所具有的那些情感。然而，就是为了成就帝王之业，他早已经把个人生死置之度外，亲人在他的心中已经比不上帝王之业。在当平民百姓时，他"不事家人生产作业"，所以没能做到在物质上孝敬父母；为了实现做皇帝的梦想，他长年在外、"常徭咸阳"，只能由妻子担当起家中农活和抚养儿女的重任。在楚汉战争期间，为了能在逃亡途中跑得快点，刘邦几次都把儿女从车上推了下去。当项羽以煮死刘邦父亲太公要挟他，刘邦却说"希望分我一杯羹"。但这不能成为刘邦对父亲和儿女绝情的有力证据。刘邦只是为了帝业，才割舍得下父亲和儿女。

接下来刘邦回到下邑后，就收拾自己的部队，重新招集人马来与项羽决战。这个时候，刘邦有准备，他坚守城池。当时项羽的兵就在下面，但攻城不下，所以他打算要求刘邦出城来和他决战。但刘邦不可能满足项羽的愿望，于是项羽想了个办法，考虑到彭城之战后，楚军抓到了刘邦的父亲刘太公和老婆吕雉。于是项羽让人把刘邦的父亲绑到阵前的一口大锅上。然后派人在城下对刘邦喊话："汉王听着，项王说了，如果你不下来决战，就用大锅把你的父亲煮来吃了。"

在场的所有官兵都听到了，他们想，刘邦这次肯定会下来吧？因为中国人以孝为先，从古至今，"不孝"是一个很大的错误，有些政权甚至把"不孝"列为重罪。即使刘邦是汉王，没人可以惩罚他，但他仍然肩负道义上的责任，如果让别人知道汉王连自己的父亲都不管，那么还会有人支持他、拥护他吗？

但令人出乎意料的是刘邦根本不上当，他没派士兵去作回应，而是自己站在城墙上大喊："当年我和项王一起服务于怀王，并结为兄弟，我的父亲也就是项王的父亲。项王如今要煮自己的父亲来吃，如果真这样的话也分我点汤喝吧！"

项羽的策略就这样被刘邦化解了，他真是怒发冲冠，立即打算下令把刘太公给杀了。当时项伯也在旁边，他劝项羽说："真的把无辜的刘太公杀了对我们没有什么好处，还会陷你于不义，引起天下人的非议。况且刘邦想要的是天下，他不会顾及自己家人的。"

项羽自己也觉得这样做会毁了自己的名声，就接受了项伯的建议。

一个想要做一番事业的人关键时刻能因为儿女情长而停止前进的脚步吗？刘邦一生中妻妾众多，但是从来没有因为她们而误了打江山的大事，甚至在关键的时候还把子女推入火坑中。刘邦是一个有梦想、有志向的人，他想要重振雄风，打败对手项羽集团，若要成功，关键时刻就不能被儿女情长所困。虽然，他还是逃了出来，但是，当时的情形确实紧急，一不小心就没有翻身机会。项羽又是怎么样对待儿女情长呢？垓下之战，他四面楚歌，项羽并不是没有机会再翻身的。有一个人可以帮助他过江东，可是他不愿意接受。于是，一边喝酒一边和心爱的虞姬痛哭流涕，舍不得那个跟随他一生的女子。因此，儿女情长这个词就这样被定格在项羽身上了。

结果，我们想都不用想就知道，项羽输给了儿女情长，他英雄也就气短了。于是，年纪轻轻就自杀在江边，真是令人无限惋惜啊！

成就大事者，凡事要有一个心理准备，我们的思想必须集中在一个目标上，不能被任何的事物分心。在创业或者干其他事情时，我们

有时候会发现，家人会成为我们的"拦路虎"，并不是说他们不好，而是因为他们和自己的观点不一样。如果我们在家人的影响下思想有所动摇，做事情的时候总会想起家人会怎么样，结果往往就很难达成所愿。

刘邦没有项羽出身高贵，没有项羽有正义感，没有项羽那样多情，但是，从另一方面来说，项羽没有刘邦那么深入民心，没有刘邦那种遇事可以万变的灵活，没有刘邦那种"无赖"的胸怀。刘邦的目标是建立像秦始皇那样大的集团和名气，项羽的目标是取代秦始皇的集团。这一点上，他们两个都做得很好，目标都很大。另一点上，做企业是需要头脑的，如果你仅仅凭借自己有靠山有金钱有勇气就可以了，那是错误的也是致命的想法。做企业靠的不仅仅是勇气金钱，还要把握市场的行情，真正了解人民需要的是什么。在这一点上，刘邦出身在乡野之间这一条给了他很大帮助，他长期在乡间对实际情况了解得很透彻。因此，在建企业的时候，他很会关心下属，团结人心，知道每个阶层的领导和员工有哪些需求。而项羽虽然也有爱怜之心，会看到伤病员的时候落泪并亲自把食物给他们分一些，但还是脱不了贵族之气。他很看不起像刘邦这样的员工，因此，项羽没有刘邦会聚拢人心。最后一点，刘邦建企业的时候，只有一个念头，无论如何，我要建立起我的企业，因此他靠坚强的意志没有被家人所左右，而项羽则被一个虞姬和一匹宝马所牵绊，最终也没有放下心中的担忧。

众所周知，"置之死地而后生"是指在最危险的环境中，凭借个人的胆识和大无畏的牺牲精神，而最后生存了下来。这句话源自于《孙子·九地篇》："投之亡地然后存，陷之死地而后生。"意思是，把自己投入危地而能保存，使士卒陷入死地而后生存下来。

刘邦是李宗吾特别推崇的一个人，他说刘邦厚而无形，黑而无色，达到了厚黑的最高境界。的确，世人也都谓刘邦之心太黑，竟说出"烹煮我父，分我一杯羹"的话。刘邦果真是这样的人吗？虽然他曾经在逃亡的道路上还有过"三弃骨肉"，但他是为了图大业，在他的父亲被项羽用作人质威逼时，才说出这样的话。难怪当时项羽对此感到意外，由于项羽心如仁妇，黑不起来，而刘邦又狡诈多端，所以他不忍心杀刘邦的父亲。从后来项羽大败垓下、自刎乌江时说的那席话，我们足可以透视其一生：脸皮薄，又爱面子，脸拉不下来，所以又不够厚。刘邦正是抓住项羽这一心理——不够厚黑，所以才敢这样说。刘邦虽黑，并非无情无义，他也懂"无情未必真豪杰，怜子如何不丈夫"的道理。事实上，我们从厚黑的角度出发，发现这是刘邦的一种豁达，一种知己知彼而作出的生死抉择。事实证明，他的父亲最后被项羽释放，确确实实是"置之死地而后生"。

总之，刘邦以一副极其无赖的嘴脸说出那句"若烹我父，请分我一杯羹"后，项羽不得不中止了自己的这个残忍行为，将刘太公又押回了楚寨，令人严加看管起来。

刘邦的话，让项羽陷入了尴尬境界。这需要智慧，也需要修养。与人展开争论时，还是以采取冷静的态度为妙，这是你能取得胜利的保证。所以，一个人要想成功，就要学会耐得住攻击并懂得有效地反驳。

从以上几个例子可以看出，一个有智慧的人，是怎样抓住对方的弱势来进行有效反击的。

当刘邦被项羽飞箭射中后，明明这飞箭射中的是胸部要害，但刘邦却能佯装镇定，强忍疼痛，且仰天大笑高声告诉敌营：你只射中我的脚趾，你命中注定不是我的对手！这是刘邦秉性的又一次袒露，不过这次

应当说他袒露的是"优秀"的一面。

古人云："每临大事有静气。"刘邦此举相当不错。他明白主帅中箭，必然会导致三军慌乱，士气下降；必然大长他人威风、大灭自己锐气，甚至造成敌军乘胜追击，自己这一方溃不成军、阵脚大乱的局面。于是刘邦急中生智，来了个"即兴创作"，在一瞬间扭转了对己不利的混乱局面。刘邦此举，反使敌方感到丧气、晦气、泄气，从而使刘邦转危为安、变被动为主动，然后他再捂着鲜血淋淋的伤口，悄悄退下去养伤。如果我们要全面认识刘邦，就要既看到他嬉皮无赖、痞子气的一面，也应当看到他"泰山崩于前而色不变"，于危急时刻镇定自若的一面。刘邦之为刘邦，之能成为汉朝的开国皇帝，除了恶劣的"痞"性之外，也还是有他自身禀赋优秀的一面。

一个人想要成就大事，就不能太顾及儿女情长的小事情。古今成大事者的成功经历告诉我们，儿女情长会影响一个人的成功之路。

一个人的精力有限，将精力放在儿女私情上的人，放在成功之路上的精力就会减少。在我们放弃一些私人的感情时，可能会受到别人的嘲笑，像刘邦一样对待自己的亲人，更是给人一种近乎无赖的形象之感。在当时，无论是谁这么做，都会受到天下人的耻笑，但是想要做成大事，就要厚黑一点，私人感情暂时放一下，别人的嘲笑也就更不要计较了，只要认准自己的目标，努力向前，最终获得成功之后，当时的放弃才算是有了回报。

弱势赢家

刘邦有话对你说

为吃老虎巧扮猪

扮猪吃老虎本意是说猎人要捉老虎，在无法力擒的时候，就装扮成一只猪猡，学猪叫，把老虎引出来，待老虎走近时，然后出其不意，猝然向它袭击。这样突击的结果是，即使虎不死也会受伤。其实，"扮猪吃老虎"的策略同样可以用于人与人之间的争斗，无论自己的实力如何强大，但在敌人面前，要尽量不露锋芒，要表现出像猪一样愚笨，从表面上看来对别人是百依百顺，最好还能装出一副卑躬屈膝的样子，使敌人对自己放松警惕，一旦时机成熟、有机可乘，要立即消灭敌人，这就是"扮猪吃虎"的妙用。

纵观刘邦的一生，在很多大事上，他都在巧妙地扮猪吃老虎，最终达到了自己的目的。刘邦"扮猪"，能够让自己锋芒尽敛，让对手疏忽大意。起义之初，刘邦实力不强，听从楚怀王的号令，为了让人不知道他胸怀大志，他在很多方面都主动向人示弱。在不显山不露水的情形下，他借助这个时机招兵买马，收罗人才，充分扩充自己的实力。

进入咸阳后，面对咄咄逼人的项羽，刘邦再次扮猪。可以说，项羽是刘邦一生中一只最大的老虎。所以，刘邦在项羽面前扮猪的次数也最多。请项羽入咸阳是扮猪；"鸿门宴"上，对项羽百般忍让是扮猪；听从项羽的安排，去做汉王也是扮猪；烧毁栈道，后来又"明修栈道，暗渡陈仓"更是扮猪。刘邦一次次地扮猪，终于让项羽这只大老虎，渐

渐地变得疏忽大意起来。等到项羽发现自己面对的，不是一只可以掉以轻心的笨拙之猪，却是一只凶险的强虎时，已经为时已晚。垓下一战，项羽这只"强悍的大老虎"终于无力回天，让刘邦"这只笨猪"给吃掉了。

刘邦当了皇帝后，最先是封韩信做楚王。就在韩信做了楚王的第二年，有人写信向刘邦举报韩信要谋反。刘邦把这封信拿出来给朝臣看，问大家该怎么办。当时，很多人都气愤难平地说，马上发兵去讨伐韩信。书上的记载是要"击而坑之"，也就是发兵打败他，把他埋了。但是，这一次，刘邦依然没有直接去做"老虎"。

他私下问陈平意见，陈平说："陛下，你觉得您手下的兵将有韩信的部队精锐吗？"刘邦说："没有。"陈平又问："您手下的将领有韩信会打仗吗？"刘邦说："这怎么可能？"

陈平就说了："您的士兵不如韩信的精锐，将领也不如他会指挥，现在，还要发兵去和他打仗，不是逼着他造反吗？就算他不想造反，您这样一逼，他也得反啊！"刘邦一想，是啊，打是打不过的，但是，就这样算了，也难以服众。造反可是大罪，现在有人这样说韩信，我不过问，到时天下的诸侯都会跟着他学，那就不好对付了。陈平就给刘邦出了个主意，这个主意，仍然是刘邦以前常用的"扮猪吃老虎"。

怎样扮猪吃老虎？陈平的计谋是让刘邦去南方狩猎，顺便巡游，也就是视察诸侯各国的意思。这个方法非常巧妙，天下打下来了，没有仗打了，皇帝四处散散心、打打猎是一件很正常的事情。韩信虽然怀疑刘邦可能要对付自己，但是，刘邦这次过来是讲明了狩猎巡游，他拿不准刘邦的"葫芦"里到底是卖的什么药。所以，韩信犹豫着，最终还是决定去见刘邦。韩信去见刘邦时，没带兵去。当然，他也没有空着两手。韩信是怎样去的呢？他是带着令刘邦一直忌恨的、钟离眛的一颗人头去的。

韩信虽然是带着钟离眛的人头来的，但他见到刘邦后，还是让刘邦抓起来给带回京城关了起来。后来，虽然刘邦大赦天下，放了韩信，但也给他降了两级，由楚王变成了淮阴侯。所以，史书上一直称韩信为淮阴侯。做了淮阴侯的韩信，不准到他自己的封地去，被刘邦留在了京城。刘邦就这样扮猪吃老虎，成功地把自己手下的一只大老虎给吃掉了。

扮猪吃老虎，让刘邦成功地解决了很多危机。"白登之围"时给匈奴皇后送礼，还有后来嫁宗室之女给冒顿单于，和匈奴和亲，等等，无一不是在敌人过于强大时刘邦不得已采取的扮猪吃老虎的策略。

"木秀于林，风必摧之"，很多时候，真正有本事的人往往会遭到别人的嫉妒，会让自己时刻处于危险之中。这种时候，扮猪吃老虎，往往是一种很好的自我保护方法。

"厚黑学"的创始人李宗吾先生曾经总结过：古今中外所有成大事者，是因为面厚心黑才能成其大事。李宗吾先生还把刘邦作为厚黑学的代表人物之一，说项羽只是心黑，但是不如刘邦脸皮厚，所以最终败给了刘邦。

李宗吾先生的观点对错我们在这里不予讨论，但是，他说的有一点是正确的，那就是项羽除了英勇方面胜过刘邦外，忍耐心和眼光的长远等方面都和刘邦无法相比。刘邦和项羽交战，是胜少败多，经常被项羽追得团团转。但是，刘邦从来没有失望，只要有一丝希望就马上卷土重来。项羽却只是垓下一败，就让他英雄气慨尽失，举剑自刎了。

如果只论个人魅力和武力，刘邦和项羽是根本没有办法相比的。但就是这样一个样样都比项羽差的刘邦，却成功地运用扮猪吃老虎的

策略，最终把项羽赶到了乌江。扮猪吃老虎，虽然在很多时候显得不是很光彩。但试问，当一个人各方面能力都没法和对手相比较时，还不顾一切地去和对手相拼，这样做的结果我们可想而知。

英雄不问出处，真正的英雄，是那些能够改写历史的伟大人物，而不是那些徒有勇力和智谋，却不知道合理使用的失败者。

我们在此可以作个假设，如果楚汉相争的结果，败的是刘邦，最终得到天下的是项羽，那会是怎样一种结果？那样的话，不知道项羽还可不可以建立一个持续400年之久的帝国出来，还能不能有持续凝聚的汉文化大统一。依照项羽残暴的性格和缺乏远见的政治头脑，项羽称帝后大汉文化的前途也许并不乐观。

从这个角度来说，刘邦的胜利，其实是汉民族之大幸。与项羽相比，刘邦更加开明仁慈和有政治远见。也正是刘邦的开明、善于用人，加上他过人的政治眼光等管理之道，最终铸就了汉朝的辉煌，也铸就了汉民族大统一的辉煌。

仔细读懂刘邦，从刘邦的智慧中学习经营管理之道，也定能造就现代管理者的另一种辉煌。